FRISCHE KÜCHE

Herausgegeben von der Zeitschrift

essen & trinken

Sonderausgabe der Naumann & Göbel Verlagsgesellschaft mbH
in der VEMAG Verlags- und Medien Aktiengesellschaft, Köln
Alle Rechte bei Gruner+Jahr AG & Co., Hamburg
Konzeption u. Redaktion: Renate Peiler
Layout: Jürgen Pengel
Grafik: Renate Schulte
Rezeptentwicklung: Johann Lafer; Achim Ellmer, »e&t«-Versuchsküche;
Assistenz: Stefanie Olbertz, Anke Rabeler
Fotos: Richard Stradtmann, Gruner+Jahr-Syndication, ZDF (2)
Arrangements der **Lafer-Rezepte: Günther Meierdierks
Schlußredaktion: Karin Schanzenbach
Umschlaggestaltung: Rincon², Köln
Gesamtherstellung: Naumann & Göbel Verlagsgesellschaft mbH, Köln

ISBN 3-625-10865-8
600438/834006

essen & trinken

FRISCHE KÜCHE

GENIESSEN AUF GUT DEUTSCH

Das Buch zur erfolgreichen ZDF/3sat-Serie
mit Rezepten von Johann Lafer
und der »essen & trinken«-Versuchsküche

INHALT

** Diese Rezepte hat der Zwei-Sterne-Koch Johann Lafer in der TV-Serie „Frische Küche – Genießen auf gut deutsch" gekocht. Sie finden „Lafer's Stromburg" mit den Restaurants „Le Val d'Or" und „Der deutsche Michel" in Stromberg im Hunsrück.

»e&t«-Versuchsküche: R. Steinert, A. Ellmer

Wenn Europas erfolgreichste Eßzeitschrift und der beliebteste Fernsehkoch der Republik sich für eine 26teilige TV-Serie zusammentun, ist eigentlich nur eine Frage offen:

WO BLEIBEN DIE NEUEN KLASSIKER?

Eines Tages fragte Johann Lafer bei »e&t« an, ob man sich denn vorstellen könne, mit ihm ein Konzept für eine vielfolgige Serie zu entwickeln, in der er dem staunenden Seher die Gepflogenheiten einer neuen frischen Küche, die auf regionalen Wurzeln basiert, näherbringen würde. Er im „On" vor der Kamera, im „Off" »e&t« mit dem geballten Wissen einer seit fast 25 Jahren erfolgreichen Fachzeitschrift. Wir konnten uns das sehr wohl vorstellen. Und so folgte erst Konferenz auf Konferenz, um die besten Fernseh-vorzeigbaren und Zeitschriften-lesbaren Gerichte, die schließlich noch dieses dicke Buch füllen sollten, zu finden. Insgesamt wurden für die 26 Folgen über 500 Vorschläge geprüft, 400 wieder aussortiert, 100 in die engere Wahl gezogen. Diese Rezeptvorschläge, die noch lange keine Rezepte waren, wurden, den Zutaten entsprechend, auf die einzelnen Monate verteilt und dann in fernsehgerechte Schritte aufgeteilt. Die 3sat-Redaktion lud die Gäste ein, die an Lafers Seite kochen und dabei (mit den Sehern) etwas lernen sollten. Der Regisseur Manuel Kock behielt die Übersicht und war gleichbleibend freundlich und gelassen, obwohl zeitweilig bis zu 26 Mitarbeiter auf dem Set gezählt wurden. Die Dreharbeiten dauerten zwei Monate, das Nachkochen in der »e&t«-Versuchsküche auch. Koch-Redakteur Achim Ellmer brachte die Rezepte in die endgültige Form, der Stylist Günther Meierdierks erarbeitete die modernen Arrangements fürs Bild. Und der Fotograf Richard Stradtmann machte schließlich die schönen Fotos, die Sie im folgenden sehen. Hier sind sie also, die neuen Klassiker! *Renate Peiler*

Im Fernsehstudio: oben das Team und unten Angelika Jahr, Herausgeberin von »e&t«, mit Johann Lafer beim Drehen

Von raffinierter Leichtigkeit

VORSPEISEN UND SALATE

In der regionalen Küche der frühen Jahre spielten Vorspeisen und Salate allenfalls zu Festlichkeiten eine nennenswerte Rolle. Heute sind sie unverzichtbar

Becherpastete mit Lammfilet **

Für 6–8 Portionen:
200 g große Spinatblätter
Salz, 500 g Zucchini
500 g TK-Blätterteig
Mehl zum Ausrollen
1 Lammrückenfilet (500 g)
Pfeffer (Mühle), 4 El Öl
3 Thymianzweige
3 kleine Rosmarinzweige
Farce
800 g Lammhack
3 Knoblauchzehen
1 Tl geh. Rosmarinnadeln
Salz, Pfeffer (Mühle)
30 g Butter
100 g kleine Weißbrotwürfel
2 Eigelb

1. Die Spinatblätter waschen, in Salzwasser blanchieren und auf Küchenkrepp ausgebreitet abtropfen lassen.

2. Die Zucchini putzen, der Länge nach in 2 mm dicke Scheiben schneiden.

3. Die Blätterteigplatten zum Auftauen auf einem bemehlten Küchentuch überlappend nebeneinanderlegen.

4. Das Filet salzen und pfeffern. 2 El Öl erhitzen. Das Fleisch darin anbraten, dabei Thymian- und Rosmarinzweige zugeben. Das Fleisch aus der Pfanne nehmen und in den Spinat wickeln.

5. Die Zucchini im Bratfett portionsweise von beiden Seiten knusprig braten, dabei nach und nach das restliche Öl zugießen. Die Zucchini zum Abtropfen auf Küchenkrepp legen, salzen und pfeffern.

6. Das Lammhack in einer Schüssel mit püriertem Knoblauch, Rosmarin, Salz und Pfeffer würzen.

7. Die Butter zerlassen, das Weißbrot darin bräunen, mit dem Eigelb zur Hackmasse geben und untermischen.

8. Eine Kastenform (30 cm) ausbuttern und mit Semmelbröseln ausstreuen.

9. Den Blätterteig auf der bemehlten Arbeitsfläche 3 mm dick ausrollen (45 x 42 cm) und so in die Form legen, daß die Ränder überstehen.

10. Die Form mit der halben Menge Zucchinischeiben auslegen, die Hälfte Lammhack einfüllen. Das eingewickelte Lammfilet in die Form legen. Das restliche Lammhack darauf geben, fest andrücken und mit den restlichen Zucchinischeiben belegen.

11. Den Teig erst von einer Seite überklappen, mit verquirltem Eigelb bestreichen, dann die andere Teighälfte darüberlegen und fest andrücken. Die kurzen Seitenränder abschneiden.

12. Zwei Schornsteine einbauen: An beiden Enden der Pastete mit einem Ausstecher zwei kleine Kreis (2 cm Ø) ausstechen. Den Teig mit dem restlichen Eigelb bestreichen. Aus den Teigresten Ornamente schneiden und auf dem Eigelb festdrücken.

13. Die Pastete auf den Boden des vorgeheizten Backofens setzen und bei 200 Grad 40–45 Minuten backen (Gas 3, Umluft 180 Grad/30 Minuten).

14. Die Pastete stürzen, mit einem Sägemesser aufschneiden, mit roter Zwiebelsauce und Orangensalat servieren.

Zubereiten: 2 3/4 Stunden
Pro Portion (8 Port.)
36 g E, 51 g F, 32 g KH = 757 kcal (3180 kJ)

Rote Zwiebelsauce **

Für 6–8 Portionen:
500 g rote Zwiebeln
50 g Butter
3 Thymianzweige
1/4 l Rotwein
300 ml Lammfond (Glas)
Salz, Pfeffer (Mühle)
3–4 Tl Honig

1. Die Zwiebeln schälen und fein würfeln, in der Butter glasig dünsten. Thymian und Rotwein zugeben und bei mittlerer Hitze auf die Hälfte einkochen lassen. Lammfond zugießen und in etwa 20 Minuten sämig einkochen.

2. Die Zwiebelsauce mit Salz, Pfeffer und Honig würzen.

Zubereiten: 1 Stunde
Pro Portion (8 Port.)
1 g E, 5 g F, 6 g KH = 81 kcal (337 kJ)

Orangensalat mit Chinakohl**

Für 6–8 Portionen 1 kleinen Kopf Chinakohl waschen und in grobe Streifen schneiden. 4 Orangen schälen, über einer Schüssel filieren, dabei 8 El Saft auffangen. Filets mit dem Salat mischen. Orangensaft mit Salz, Pfeffer, 1/2 Tl Zucker und 3–4 El Weißweinessig verrühren und mit 150 ml Olivenöl aufschlagen. Den Salat und 1 Bund gehackte Petersilie in die Sauce mischen.

Dampf ablassen

Johann Lafer: Jede Pastete muß mindestens einen, besser zwei Schornsteine haben, damit sie beim Garen Dampf ablassen kann. Bekommt sie keine Schornsteine, verkocht ihr Innenleben zu Suppe.

Filetscheiben in Liebstöckelbutter auf Salatbett

Für 4 Portionen:
1/2 Kopf Friseesalat
1/2 Kopf Bataviasalat
1 Schalotte
1 Knoblauchzehe
3 El Rotweinessig
Salz
schwarzer Pfeffer (Mühle)
1/2 Tl Senf
8 El Öl
250 g Schweinefilet
250 g Rinderfilet (von der Filetspitze)
1 Liebstöckelstiel
40 g Butter
2 El Balsamessig

1. Den Salat putzen, waschen, trockenschleudern und fein zerzupfen.

2. Schalotte und Knoblauch sehr fein hacken und mit Rotweinessig, Salz, Pfeffer, Senf und 7 El Öl verrühren.

3. Die Filetstücke in sehr dünne Scheiben schneiden. 4 Liebstöckelblätter in feine Streifen schneiden.

4. Den Salat in der Sauce wenden, über einer Schüssel abtropfen lassen und auf Tellern anrichten.

5. Butter und restliches Öl in einer großen Pfanne erhitzen. Die Liebstöckelstreifen zugeben. Die Filetscheiben darin von jeder Seite in knapp 1/2 Minute scharf anbraten, salzen, etwas abtropfen lassen und auf dem Salat anrichten.

6. Balsamessig, restliche Salatsauce und den Bratfond verrühren und über das Fleisch träufeln.

7. Den Salat und das Fleisch noch einmal mit Pfeffer würzen, mit den restlichen Liebstöckelblättern garnieren und sofort servieren.

Dazu paßt Meterbrot.

Zubereiten: 30 Minuten
Pro Portion
25 g E, 38 g F, 1 g KH = 475 Kalorien (1989 Joule)

Löwenzahnsalat mit pochiertem Ei **

Für 4 Portionen:
1 Bund Löwenzahnsalat
1 Bund Raukesalat
1/2 Kopf Radicchiosalat
2 Tl Senf
3–4 El Balsamessig
Salz, Pfeffer (Mühle)
1/8 l Öl
40 ml Essigessenz (25%)
1 Tablett Kresse
4 sehr frische, gut gekühlte Eier
1 El Öl
etwas grobes Salz zum Bestreuen

1. Den Salat putzen, waschen, mundgerecht zerpflücken und zum Abtropfen in ein Sieb geben.

2. Für die Sauce Senf, Essig, Salz, Pfeffer und Öl verrühren.

3. In einer Pfanne 1 l Wasser mit der Essigessenz und 2 Tl Salz aufkochen. Die Hitze herunterschalten. Der Essigsud darf jetzt nur noch sieden.

4. Die Eier nacheinander in eine Schöpfkelle aufschlagen und von dort in den heißen Essigsud gleiten lassen. Sofort mit 2 Eßlöffeln das Eiweiß über das Eigelb klappen. Die Eier 5 Minuten pochieren.

5. Inzwischen den Salat auf Tellern anrichten, mit der Sauce begießen und gut durchheben.

6. Die Eier mit einer Schaumkelle aus dem Sud heben, gut abtropfen lassen und vorsichtig auf dem Salat anrichten.

7. Die Kresse direkt auf den Salat schneiden. Die Eier vor dem Servieren mit grobem Salz und etwas Pfeffer würzen.

Zubereiten: 40 Minuten
Pro Portion
9 g E, 35 g F, 3 g KH = 376 kcal (1572 kJ)

Frisch und kühl

Johann Lafer: Das Eier-Pochieren gelingt nur, wenn die Eier wirklich topfrisch sind und direkt aus dem Kühlschrank kommen, nur dann hält das Eiweiß zusammen. Mein Geheimtip: Reiben Sie die Pfanne oder den Topf erst gut mit Essig aus, bevor Sie Wasser und Essig für den Sud hineingießen.

Linsenrösti mit Lachs **

Für 4 Portionen:
200 g Lachs in Scheiben
Salz, Pfeffer (Mühle)
1 Msp. gemahlener Koriander
1 Bund Dill
4 El Olivenöl
100 g rote Linsen
200 g Kartoffeln (mehligkochend)
250 g Crème fraîche
1–2 Tl Zitronensaft

1. Den Lachs mit Salz, Pfeffer und Koriander würzen. Den Dill (bis auf 2 Stiele) hacken und auf den Lachs streuen. Den Lachs mit Olivenöl beträufeln, fest in Klarsichtfolie wickeln und mindestens 6 Stunden (besser: über Nacht) marinieren.

2. Für die Rösti Linsen in kochendem Salzwasser 1–2 Minuten blanchieren, im Sieb abtropfen lassen.

3. Die Kartoffeln schälen, grob raffeln und mit Küchenpapier trocknen.

4. Die Linsen mit den Kartoffeln mischen.

5. Portionsweise etwas Öl in einer beschichteten Pfanne erhitzen. Die Linsenmasse portionsweise hineingeben und mit einer Palette zu runden Pfannkuchen flachdrücken. Die Linsenrösti nacheinander auf beiden Seiten goldgelb braten, erst anschließend salzen und pfeffern.

6. Die Linsenrösti nach dem Braten auf Küchenpapier abtropfen lassen.

7. Den marinierten Lachs portionsweise auf die Rösti geben. Die Rösti aufrollen.

8. Crème fraîche mit Zitronensaft, Salz und Pfeffer verrühren. Den restlichen Dill hacken und unterrühren. Die Creme zu den Rösti servieren.

Zubereiten: 1 Stunde
Marinieren: 6 Stunden
Pro Portion
18 g E, 36 g F, 22 g KH = 499 kcal (2090 kJ)

Hübsch und schnell

***Johann Lafer:** Köche arbeiten gern mit den kleinen roten Linsen, weil sie so viel Farbe auf den Teller bringen und so schnell gar werden. Sie sind nämlich schon geschält.*

Bunter Gemüsesalat mit Kerbelsauce

Für 8–10 Portionen:
1,5 kg Bundmöhren
2 kg Kohlrabi
500 g Zuckerschoten
Salz
2 Bund Frühlingszwiebeln
1 Römersalat
50 g Kerbel
2 Eigelb
4–5 El Weißweinessig
Pfeffer (Mühle)
Zucker
100 ml Öl

1. Möhren und Kohlrabi schälen. Die Möhren in dünne Scheiben, den Kohlrabi in 4 cm lange Stifte schneiden. Die Zuckerschoten putzen.

2. Nacheinander die Möhren 7 Minuten, Kohlrabi und Zukkerschoten 3 Minuten in kochendem Salzwasser blanchieren. Das Gemüse hinterher in Eiswasser abschrecken und zum Abtropfen in einen Durchschlag geben.

3. Die Frühlingszwiebeln in feine Ringe schneiden. Den Römersalat putzen, waschen, trockenschleudern und in mundgerechte Stücke zerpflücken. Den Kerbel grob hacken.

4. Für die Sauce Eigelb und Essig verrühren, mit Salz, Pfeffer und 1 Prise Zucker würzen. Die Sauce über dem heißen Wasserbad cremig aufschlagen, in Eiswasser kalt abschlagen. Dann erst das Öl unterschlagen.

5. Gemüse und Sauce in einer Schüssel gut miteinander mischen und servieren.

Landbrot oder Baguette dazu reichen.

Zubereiten: 1 Stunde
Pro Portion (10 Port.)
7 g E, 10 g F, 19 g KH = 199 kcal (832 kJ)

Roher Spargelsalat mit Erbsen und Champignons

Für 4 Portionen:
500 g Spargel
150 g junge Erbsen (aus der Schale gelöst, 300 g brutto; ersatzweise TK-Erbsen)
50 g Kerbel
200 g weiße Champignons
30 g Schalotten
6 El Champagneressig (ersatzweise sehr guter Weißweinessig)
Salz
weißer Pfeffer (Mühle)
1 Tl Zucker
9 El Walnußöl

1. Den Spargel schälen und schräg in dünne Scheiben schneiden, bis zum Weiterverarbeiten in ein feuchtes Tuch wickeln.

2. Die Erbsen 1 Minute in kochendem Wasser blanchieren, in einem Sieb abtropfen lassen.

3. Den Kerbel verlesen, waschen und trockenschleudern. 12–15 Kerbelblättchen zur Seite legen, den Rest fein hacken.

4. Die Champignons feucht abreiben, putzen und in dünne Scheiben schneiden. Die Schalotten pellen und sehr fein würfeln.

5. Für die Sauce Essig, 3 El lauwarmes Wasser, Schalottenwürfel, Salz, Pfeffer und den Zucker in einer Schüssel mit einem Schneebesen verrühren. Das Nußöl unterschlagen.

6. Erst den Kerbel in die Sauce rühren. Dann Spargel, Champignons und Erbsen mit der Sauce mischen und zugedeckt 15–20 Minuten darin marinieren.

7. Den Salat mit Kerbelblättchen bestreuen und servieren.

Geröstete Baguettescheiben dazu reichen.

Zubereiten: 1 Stunde
Pro Portion
6 g E, 23 g F, 8 g KH = 273 kcal (1141 kJ)

Frisch und knackig

Einwandfreier Spargel hält sich ein paar Tage frisch, wenn man ihn in ein feuchtes Tuch einschlägt und kühl und dunkel aufbewahrt (am besten im Gemüsefach vom Kühlschrank).

Gemüsesülze

Für 12 Portionen:
14 Blatt weiße Gelatine
700 ml Gemüsefond (Glas)
2 Lorbeerblätter
1 El Senfkörner
1 pürierte Knoblauchzehe
Salz
weißer Pfeffer (Mühle)
250 g frische Pfifferlinge
1 El Öl
150 g kleine Champignons
75 ml trockener Weißwein
2 El Zitronensaft
120 g grüne Bohnen
180 g Staudensellerie
200 g grüner Blumenkohl (Romanesco)
200 g Broccoli
10 dünne Möhren (450 g)
1 Stange Porree (250 g)

1. Gelatine kalt einweichen. Gemüsefond mit Lorbeer, Senfkörnern und Knoblauch aufkochen, kräftig salzen und pfeffern. Gelatine ausdrücken, im heißen Fond auflösen, nach 30 Minuten durch ein feines Sieb gießen und kalt stellen.

2. Inzwischen Pfifferlinge putzen und kurz im heißen Öl dünsten. Champignons putzen, mit Wein und Zitronensaft einmal aufkochen, auf Küchenpapier abtropfen lassen.

3. Bohnen putzen. Selleriestangen vom Strunk schneiden. Blumenkohl und Broccoli in kleinen Röschen vom Strunk schneiden. Möhren schälen. Porree ohne Strunk seitlich der Länge einritzen, Blatt für Blatt lösen.

4. Nacheinander alle Gemüsesorten einzeln in leicht gesalzenem Wasser blanchieren, abschrecken und auf Küchenpapier abtropfen lassen.

5. Eine Terrinenform (1 l Inhalt) mit Klarsichtfolie glatt auslegen. Porreeblätter einzeln durch das flüssige Gelee ziehen, die Form damit auslegen (Blätter an den Breitseiten der Form großzügig überlappen lassen). Etwas Gelee auf den Boden gießen.

6. Die einzelnen Gemüse der Länge nach einschichten: zuerst die Bohnen, dann Möhren, Sellerie und Pfifferlinge. Die letzte Reihe seitlich mit Romanesco und Broccoli (Stiele nach oben) belegen. Champignons in die Mitte setzen. Gemüse zwischendurch immer mit Gelee bedecken.

7. Die Terrine mit dem überlappenden Porree verschließen, noch einmal mit Gelee bedecken und über Nacht kühl stellen.

8. Die Form vor dem Anrichten auf ein Brett stürzen und so lange mit heißen Tüchern belegen, bis sich die Sülze herauslöst. Die Gemüsesülze mit einem Elektromesser (oder einem scharfen Lachsmesser) in Scheiben schneiden und mit roh gebratenen Schnittlauch-Kartoffeln und einer schlanken Frankfurter grünen Sauce servieren.

Zubereiten: 2 Stunden
Kühlen: 8-12 Stunden
Pro Portion
4 g E, 1 g F, 4 g KH = 49 kcal (207 kJ)

Roh gebratene Schnittlauch-Kartoffeln

Für 12 Portionen 2,5 kg festkochende Kartoffeln schälen, waschen, in dünne Scheiben schneiden und trokkentupfen. 150 ml Öl in 2 Pfannen erhitzen. Kartoffeln bei mittlerer Hitze darin anbraten, erst wenden, wenn sie unten goldbraun sind. Bei starker Hitze und unter Wenden in 5 Minuten knusprig braun braten, salzen und pfeffern. Öl abgießen, 60 g Butter zugeben und aufschäumen. 3 Bund Schnittlauch in Röllchen untermischen.
Die Bratkartoffeln zur Gemüsesülze reichen.

Schlanke Frankfurter Grüne Sauce

Für 12 Portionen 1/2 Bund Sauerampfer, je 1 Bund Petersilie, Pimpinelle, Brunnenkresse, 1 Handvoll Kerbel und 1/2 Bund Borretsch (oder andere Kräuter) von den Stielen zupfen und mit 180 g Schmand und 250 g Magermilchjoghurt in der Moulinette fein pürieren, salzen und pfeffern. Diese schlanke grüne Sauce zur Gemüsesülze reichen.

Kartoffelsalat mit Spargel

Für 4–6 Portionen:
Dressing
1/8 l Öl
1 Tl Currypulver
2 Eigelb, Salz
1 Tl Zitronensaft
1/2 Tl Senf
150 g Magermilchjoghurt
Salat
500 g kleine neue Kartoffeln
Salz, 1 kg weißer Spargel
350 g Suppengrün
1/2 El Zucker
5 El Weißweinessig
weißer Pfeffer (Mühle)
8 El Öl, 1/2 Bund Dill

1. 2 El Öl erhitzen, Curry darin anschwitzen, sofort mit restlichem Öl verrühren.

2. Eigelb mit Salz, Zitronensaft und Senf verquirlen. Curry-Öl zuerst tropfenweise, dann in dünnem Strahl unterschlagen, bis eine Mayonnaise entstanden ist. Den Joghurt unterrühren und die Sauce kalt stellen.

3. Kartoffeln mit Schale garen, abschrecken, pellen, in Scheiben schneiden und salzen. Spargel schälen, schräg in 2–3 cm lange Stücke schneiden, Köpfe beiseite legen. Suppengrün putzen, sehr fein würfeln. Porree beiseite legen.

4. Spargelstücke in Wasser mit Salz und Zucker 7 Minuten garen. Köpfe zugeben und 2 Minuten garen. Spargel abtropfen lassen, dabei den Sud auffangen. Suppengrün 2 Minuten im Spargelsud garen, Porree zugeben, 1 Minute garen. Das Gemüse gut abtropfen lassen.

5. Aus Essig, Salz, Pfeffer und Öl eine Sauce rühren. Kartoffeln und Spargel in der Sauce wenden. Suppengrün (bis auf 2 El) untermischen. Den Salat 10 Minuten ziehen lassen.

6. Den Salat auf eine Platte schichten, jede Schicht mit Curry-Dressing überziehen. Zum Schluß mit restlichem Suppengrün und Dillästchen bestreuen und servieren.

Zubereiten: 1 Stunde
Pro Portion (6 Port.)
7 g E, 33 g F, 16 g KH = 400 kcal (1674 kJ)

Schinkenröllchen mit Waldorfsalat **

Für 6–8 Portionen:
Blitz-Mayonnaise
1 Tl Senf
1 Ei
Salz, Pfeffer (Mühle)
1/4 l Öl
Röllchen
170 g Sellerieknolle
1 Apfel (200 g)
Saft von 1 Zitrone
50 g Walnußkerne
4–5 El Blitz-Mayonnaise
Zucker, Salz
8 dünne Scheiben gekochter Schinken
Pfeffer (Mühle)
Salatbett
250 g Vollmilchjoghurt
50 ml Milch
1–2 Tl Zitronensaft
Salz, Pfeffer (Mühle), Zucker
1 Bund glatte Petersilie
1 kleiner Kopf Friseesalat
1 Kopf Radicchiosalat
6 Radieschen

1. Für die Mayonnaise Senf, Ei, Salz und Pfeffer in ein schmales, hohes Gefäß geben. Das Öl zugießen. Den Stabmixer ins Glas geben und ganz langsam von unten nach oben ziehen.

2. Für die Füllung Sellerie und Apfel putzen und in sehr feine Streifen schneiden, mit Zitronensaft beträufeln. Walnußkerne hacken. Alles mischen und die Mayonnaise unterziehen. Die Füllung mit 1 Prise Zucker und Salz abschmecken.

3. Die Schinkenscheiben nebeneinander ausbreiten. Die Füllung darauf verteilen. Die Scheiben wie Rouladen aufrollen und mit Pfeffer bestreuen.

4. Für das Salatbett Joghurt, Milch und Zitronensaft verrühren. Mit Salz, Pfeffer und 1 Prise Zucker würzen. Die Petersilie hacken und die Hälfte in die Sauce rühren.

5. Den Salat putzen, die Blätter mundgerecht zerpflücken, auf einer Servierplatte mischen und mit der restlichen Petersilie bestreuen. Die Salatsauce darüberträufeln und vorsichtig durchheben. Die Schinkenröllchen darauf anrichten.

6. Die Radieschen putzen, in feine Streifen schneiden und zum Schluß über den Salat streuen.

Zubereiten: 1 Stunde
Pro Portion (8 Port.)
7 g E, 17 g F, 9 g KH = 218 kcal (913 kJ)

Zu Unrecht in Verruf geraten

***Johann Lafer:** Es gibt Gerichte, die sind wirklich ganz zu Unrecht in Verruf geraten. Die Schinkenröllchen, die mit Äpfeln, Sellerie, Nüssen und Mayonnaise gefüllt sind, gehören dazu. Diesen Jahrhundertwende-Klassiker, der schnell zum Star auf großbürgerlichen Tafeln avancierte, hat man durch liebloses Zubereiten und langweilige Präsentation auf noch langweiligeren Büffets zum muffigen Pausenfüller verkommen lassen. Wenn Sie für die Zubereitung nur den besten Schinken und die frischesten Nüsse nehmen, die Sie bekommen können, wenn Sie die Füllung fein und trotzdem herzhaft abschmecken, und wenn Sie die Röllchen dann noch, wie ich, auf einem hübschen Salatbett anrichten, haben Sie ein wunderbar appetitliches Gericht, das sehr schnell und ohne Komplikationen zubereitet ist.*

Gemüsestrudel **

Für 4–6 Portionen:
Strudelteig
150 g Weizenvollkornmehl
150 g Weizenmehl (Type 405)
1 Ei
1/8 l saure Sahne
Salz
80 g flüssige Butter
Mehl zum Arbeiten
Füllung
6 Eier
300 g Blattspinat
Salz
1 rote Paprikaschote
150 g Möhren
300 g Zucchini
150 g Blumenkohl
250 g Allgäuer Bergkäse in dünnen Scheiben
1 El gehackte Petersilie
1 El gehackte Kresse
1 El Schnittlauchröllchen
Pfeffer (Mühle)
1 Eigelb zum Bestreichen
Basilikum zum Garnieren

1. Die Zutaten für den Strudel zu einem sehr glatten Teig verkneten und etwa 2 Stunden zugedeckt bei Zimmertemperatur ruhenlassen.

2. Für die Füllung die Eier hart kochen, abschrecken, abkühlen lassen und pellen.

3. Den Spinat putzen, waschen, in kochendem Salzwasser blanchieren, in Eiswasser abschrecken, auf einem Küchentuch zum Abtropfen ausbreiten.

4. Die Paprikaschote vierteln, entkernen, mit dem Sparschäler schälen und klein würfeln. Die Möhren schälen, in Stifte (3 cm) schneiden. Die Zucchini in ebenso große Stifte schneiden. Den Blumenkohl in Röschen teilen.

5. Nacheinander Möhren, Zucchini und Blumenkohl blanchieren und abtropfen lassen.

6. Den Strudelteig auf einem bemehlten Küchentuch so dünn wie möglich ausrollen (so breit wie das Küchentuch) und mit Spinatblättern belegen. Die Käsescheiben darauf legen.

7. Die Eier am unteren Strudelrand in einer Reihe auf den Teig legen. Das Gemüse in jeweils einem breiten Streifen über und unter den Eiern auslegen (bunte Reihenfolge). Petersilie, Kresse und Schnittlauch darauf verteilen. Mit Salz und Pfeffer würzen.

8. Die über das Küchentuch lappenden Teigreste abschneiden. Die Teigränder mit etwas verquirltem Eigelb bestreichen. Den Teig mit dem Handtuch zum Strudel aufrollen. Den Strudel mit verquirltem Eigelb bestreichen.

9. Das Backblech mit Backpapier auslegen. Den Strudel im vorgeheizten Backofen auf der 2. Leiste v. u. bei 240 Grad 15–20 Minuten backen (Gas: 5, Umluft 20 Min. 220 Grad).

10. Den Strudel aus dem Ofen nehmen und mit einem Sägemesser in dicke Scheiben schneiden. Wichtig: Dabei die Lücken zwischen den Eiern suchen.

11. Die Strudelscheiben mit gelbem Paprikaschaum anrichten und mit grob geschnittenem Basilikum bestreuen.

Zubereiten: 2 Stunden
Ruhezeit für den Teig: 2 Stunden
Pro Portion (6 Port.)
31 g E, 38 g F, 42 g KH = 657 kcal (2752 kJ)

Gelber Paprikaschaum **

Für 4–6 Portionen:
2 gelbe Paprikaschoten
70 g Butter
50 g Schalottenwürfel
1/4 l Gemüsebrühe
1/4 l Schlagsahne
Salz, Pfeffer (Mühle)
etwas Zitronensaft
1 El geschlagene Sahne

1. Die Paprikaschoten vierteln, entkernen, waschen und in Stücke schneiden.

2. 20 g Butter erhitzen, die Schalotten darin andünsten. Die Paprikastücke zugeben und leicht andünsten.

3. Gemüsebrühe und Schlagsahne zugießen. Das Gemüse etwa 10 Minuten bei mittlerer Hitze kochen, im Topf mit dem Pürierstab pürieren und durch ein Sieb in einen anderen Topf streichen.

4. Die restliche kalte Butter in kleinen Stücken in die Sauce einschwenken, mit Salz, Pfeffer und etwas Zitronensaft abschmecken. Zum Schluß die geschlagene Sahne unterheben. Den Paprikaschaum zum Strudel servieren.

Zubereiten: 20 Minuten
Pro Portion (bei 6 Portionen)
2 g E, 24 g F, 4 g KH = 243 kcal (1018 kJ)

Hasenrücken mit blauen Trauben und Honigsauce

Für 4–6 Portionen:
1 Kopf Friseesalat
250 g blaue Trauben
1 Zwiebel
1 große Knoblauchzehe
4 Hasenrückenfilets (küchenfertig)
Salz, Pfeffer (Mühle)
8 El Öl
100 ml klarer Apfelsaft
5 zerdrückte grüne Pfefferkörner
1 El Honig

1. Den Salat putzen, waschen und trockenschleudern. Die Trauben waschen, von den Stielen zupfen, halbieren und entkernen. Die Zwiebel pellen und fein würfeln. Den Knoblauch pellen und durchpressen. Die Hasenrückenfilets salzen und pfeffern.

2. In einer Pfanne 4 El Öl erhitzen. Die Filets darin bei mittlerer Hitze auf jeder Seite 2–3 Minuten braten, aus der Pfanne nehmen und warm stellen.

3. Zwiebel und Knoblauch in die Pfanne geben und glasig dünsten. Apfelsaft, grünen Pfeffer und Honig zugeben und aufkochen lassen. Die Sauce salzen. Die Trauben und das restliche Öl zugeben. Die Pfanne vom Herd nehmen.

4. Den Salat auf Tellern anrichten. Die Hasenrückenfilets in 1 cm dicke Scheiben schneiden und auf den Salat legen. Die Traubensauce gleichmäßig über Salat und Fleisch verteilen.

Als Beilage passen sowohl helles Baguette als auch kräftiges dunkles Bauernbrot.

Zubereiten: 40 Minuten
Pro Portion (6 Port.)
15 g E, 16 g F, 12 g KH = 258 kcal (1081 kJ)

Spargel mit Morchel-Hollandaise

Für 4 Portionen:
25 g getrocknete Morcheln
1 kg grüner Spargel
1 kg weißer Spargel
145 g Butter
Salz, 1 El Zucker
200 ml trockener Weißwein
100 g feine Schalottenwürfel
5 Eigelb
5 El gehackter Kerbel
Cayennepfeffer

1. Die Morcheln 30 Minuten in 400 ml warmem Wasser einweichen. Inzwischen die Spargelenden abschneiden. Den weißen Spargel bis zum Kopf schälen, den grünen nur am unteren Drittel.

2. Den weißen Spargel in einen Topf legen. So viel Wasser zugießen, daß es fingerbreit über den Stangen steht. 20 g Butter, 1 Prise Salz und den Zucker zugeben. Den weißen Spargel bei milder Hitze zugedeckt je nach Dicke 15–20 Minuten leise kochen lassen. Den grünen Spargel 5 Minuten vor Ende der Garzeit zugeben.

3. Während der Spargel gart, 50 ml Morchelwasser durch ein feines Sieb filtern und mit dem Weißwein in einen Topf geben. Die Morcheln unter fließendem Wasser sehr gründlich waschen (damit der Sand aus den Kammern gespült wird), gut ausdrücken und größere Stücke halbieren.

4. Den Weinsud mit den Schalotten auf 1/4 l einkochen. Die restliche Butter zerlassen.

5. Das Eigelb mit dem Weinsud über dem Wasserbad in 8 Minuten cremig aufschlagen, vom Wasserbad nehmen und die Butter langsam in dünnem Strahl einrühren. Morcheln und gehackten Kerbel in die Hollandaise geben, mit Salz und Cayennepfeffer würzen.

6. Den Spargel vor dem Anrichten gut abtropfen lassen und dann mit der Morchel-Hollandaise servieren.

Dazu passen kleine Kräuterkartoffeln.

Zubereiten: 1 Stunde
Pro Portion
14 g E, 37 g F, 11 g KH = 443 kcal (1847 kJ)

Kohlrabisalat mit Räucherforelle

Für 4–6 Portionen:
1 Ei
1/2 Salatgurke
750 g Kohlrabi
1 Zwiebel
4–5 El Weißweinessig
Salz, Pfeffer (Mühle)
Zucker
100 ml Öl
150 g TK-Erbsen
1 kleiner Kopf Lollo bianco
1 Bund Kerbel
200 g geräuchertes Forellenfilet

1. Das Ei hart kochen, abschrecken, pellen und hacken. Die Salatgurke waschen, längs halbieren, entkernen und in dünne Scheiben schneiden. Den Kohlrabi schälen und in 5 cm lange Stifte schneiden. Die Zwiebel fein würfeln.

2. Aus Essig, Salz, Pfeffer, 1 Prise Zucker und Öl eine Sauce rühren. Gurke, Kohlrabi, Zwiebel und die gefrorenen Erbsen mit der Sauce mischen. Den Salat 30 Minuten ziehen lassen.

3. Lollo bianco waschen, trockenschleudern und in Stücke zupfen. Kerbelblättchen von den Stielen zupfen. Einige Blättchen zum Garnieren beiseite legen. Den Rest mit dem Lollo bianco unter den angemachten Salat mischen und auf einer Platte anrichten.

4. Die Forellenfilets in mundgerechte Stücke teilen, auf dem Salat anrichten, mit dem gehackten Ei und den restlichen Kerbelblättchen bestreuen und servieren.

Dazu passen gebutterte Brötchen oder Baguette.

Zubereiten: 1 1/4 Stunden
Pro Portion (6. Port.)
13 g E, 15 g F, 8 g KH = 233 kcal (975 kJ)

Räucherfisch-Mousse **

Für 6–8 Portionen:
200 g geräucherte Forelle
200 g geräucherter Aal
2 El Öl
50 g Schalottenwürfel
1/2 Bund Dill
4 cl weißer Wermut
125 ml Fischfond (Glas)
350 ml Schlagsahne
6 Blatt weiße Gelatine
400 g Räucherlachs in Scheiben
250 ml geschlagene Sahne
Salz, Pfeffer (Mühle)

1. Forelle und Aal mit Haut und Gräten in grobe Stücke schneiden.

2. Öl im Topf erhitzen, Schalotten darin glasig dünsten. Dill und Fisch kurz mitdünsten. Mit Wermut ablöschen, mit Fischfond und Sahne auffüllen.

3. Fischfond aufkochen, bei milder Hitze in 10 Minuten etwas einkochen, durch ein sehr feines Sieb in einen anderen Topf umgießen.

4. 4 Blatt Gelatine in kaltem Wasser einweichen, abgetropft im warmen Fischfond auflösen.

5. Fischfond im Kühlschrank 30–45 Minuten auskühlen lassen, bis er anfängt zu gelieren.

6. Inzwischen eine Terrinenform (1 l Inhalt) mit Klarsichtfolie auslegen und mit den Räucherlachsscheiben so auslegen, daß sie über den Rand hängen.

7. Die geschlagene Sahne vorsichtig unter den leicht gelierten Fischfond heben. Die Mousse in die ausgelegte Form füllen und die überlappenden Lachsscheiben darüber klappen. Die Mousse mit Klarsichtfolie zudecken und mindestens 3 Stunden im Kühlschrank kalt stellen.

8. Die Räucherfisch-Mousse stürzen, ohne Folie in Scheiben schneiden und anrichten.

Dazu gibt es einen Feldsalat, der mit Chicoreestreifen gemischt und mit einer Joghurtsauce angemacht wird. Außerdem: Brioche oder zart gebräuntes Toastbrot.

Zubereiten: 1 1/2 Stunden
Kühlen: 3 Stunden
Pro Portion (8 Port.)
14 g E, 40 g F, 4 g KH = 449 kcal (1879 kJ)

Zwei-Sterne-Brotzeit

Johann Lafer: Am Ende des Kapitels mit Vorspeisen und Salaten habe ich eine rustikale Brotzeit aufgetischt, in deren Mittelpunkt ein selbstgebackenes Sauerteigbrot, eine herzhafte Bauernpastete und eine kleine scharfe Sauce stehen. Die Rezepte lesen Sie auf der folgenden Seite.

Wenn Ihre Brotzeit komplett sein soll, müssen Sie unbedingt noch ein paar andere Dinge bereitstellen:

- *Einen großen Korb mit verschiedenen hellen und dunklen Brötchen.*
- *Platten mit verschiedenen Wurst- und Schinkensorten.*
- *Eine große Platte mit unterschiedlichen Hart-, Weich- und Frischkäsesorten, die Sie mit blauen und weißen Trauben, mit Birnen und Nüssen anrichten.*
- *Kleine Töpfe mit reiner und mit angemachter Butter, in die Sie Zitrone, Pfeffer, verschiedene Kräuter oder frischen Knoblauch verknetet haben.*
- *Außer Lafers scharfer Sauce noch eine Blitz-Mayonnaise, deren Rezept Sie auf Seite 19 finden.*
- *Frisches Gemüse, das der Jahreszeit entspricht: Radieschen, Gurken, Tomaten, verschiedene Salate und viele frische Kräuter.*
- *Außerdem auch sauer eingelegtes Gemüse wie Perlzwiebeln, Kapern, Senf- und andere gewürzte Gurken.*
- *Eine große Schale mit frischem Obst.*
- *Wein, Bier und frisch gepreßte Fruchtsäfte, außerdem Mineralwasser und Milch für die Gäste, die keinen Alkohol mögen.*

Selbstgebackenes Sauerteigbrot **

Für 2 Kastenformen (28 cm):
400 g Mehl (Type 405)
400 g Roggenmehl
400 g Weizenvollkornmehl
600 g Sauerteig (beim Bäcker bestellen)
30 g Salz
5 Korianderkörner
150 g Sonnenblumenkerne
120 g Zucker
3 Würfel Hefe (à 42 g)
2 El Mehl für die Form und die Kruste
4 El Öl für die Formen

1. Mehl, Sauerteig, Salz, Koriander und Sonnenblumenkerne in eine Schüssel geben.

2. 700 ml Wasser mit dem Zucker erwärmen, die Hefe darin auflösen, zu den anderen Zutaten schütten. Alles zu einem glatten Teig verkneten und zugedeckt an einem warmen Ort 1–1 1/2 Stunden gehen lassen.

3. Den Teig mit bemehlten Händen wieder zusammenkneten. Die Teigmasse halbieren und auf die Breite der Kastenform ausrollen, mit Wasser bestreichen und von beiden Enden zur Mitte hin zusammenrollen.

4. Die Kastenformen einölen, mit Mehl ausstreuen, den Teig mit der Nahtseite nach unten hineinsetzen und zugedeckt an einem warmen Ort noch einmal in 30 Minuten auf das doppelte Volumen aufgehen lassen.

5. Den Teig noch einmal mit Wasser einstreichen und leicht mit Mehl bestreuen.

6. Die Brote im vorgeheizten Backofen auf der 2. Leiste v. u. bei 200 Grad 1 Stunde backen (Gas 3, Umluft 200 Grad etwa 50 Minuten).

7. Die Brote nach dem Backen aus der Form auf ein Gitter stürzen und abkühlen lassen.

Zubereiten: 1 1/2 Stunden
Ruhezeit für den Teig: 2–2 1/2 Stunden
Pro Scheibe (bei 22 Scheiben aus einem Kastenbrot)
5 g E, 3 g F, 26 g KH = 153 kcal (640 kJ)

Lafers scharfe Sauce **

Für 1/2 Liter:
4 El Erdnußöl
2 El Schalottenwürfel
2 El gehackter Knoblauch
2 El gehackte frische, rote Chilischoten
2 El feine Ingwerwürfel
40 ml Rotweinessig
0,4 l Tomatensaft
1 El Zucker
1 Tl Ketchup
Salz
2 Orangen
2 El Speisestärke

1. Das Erdnußöl im Topf erhitzen. Schalotten, Knoblauch, Chili und Ingwer darin anschwitzen, mit Essig ablöschen und mit Tomatensaft aufgießen. Mit Zucker, Ketchup und Salz würzen und 5–10 Minuten leise kochen.

2. Inzwischen die Orangen schälen und filieren. Den Saft dabei auffangen und in die Sauce geben. Die Filets fein würfeln.

3. Die Speisestärke mit etwas Wasser verquirlen, zum Binden in die Sauce rühren und 2 Minuten kochen lassen. Den Topf vom Herd ziehen. Die Orangenwürfel in die Sauce geben.

Wichtig: Die Sauce hält sich, gut verschlossen in einem Glas, im Kühlschrank 2 Tage.

Zubereiten: 30 Minuten
Pro 1/4 l
4 g E, 20 g F, 41 g Kh = 374 kcal (1569 kJ)

Hübsch und appetitlich

Johann Lafer: Auf dem großen Foto auf Seite 26/27 sehen Sie, wie appetitlich ich eine ganz normale Stulle angerichtet habe. Wie das geht? Sie bestreichen eine Scheibe Brot mit Butter, belegen sie mit Salat und bestücken sie mit kleinen Wurstrollen, die Sie mit frischen Kräutern füllen. Darüber geben Sie einen kleinen Klecks von meiner scharfen Sauce oder von der Blitz-Mayonnaise. Sieht gut aus und schmeckt noch besser.

Bauernpastete **

Für eine Steingutform (2 l Inhalt):
1,5 kg Schweinenacken
400 g durchwachsener Speck
600 g Zwiebeln
500 g Äpfel
300 g Schweineschmalz
Salz, Pfeffer (Mühle)
1 El getrockneter Majoran
80 g Essiggurken
2 El frische Majoranblättchen
1 Bd. gehackte Petersilie
1 Tl Cayennepfeffer

1. Den Schweinenacken und den durchwachsenen Speck grob würfeln. Die Zwiebeln pellen und in grobe Stücke schneiden. Die Äpfel schälen, vierteln, entkernen und grob würfeln.

2. 100 g Schweineschmalz in einem Bräter erhitzen. Den Schweinenacken mit Salz und Pfeffer würzen, mit dem Speck im Schmalz anbraten. Zwiebeln, Äpfel und getrockneten Majoran unterrühren und 5 Minuten mitbraten.

3. Den Bräter im vorgeheizten Backofen auf der 2. Leiste v. u. einsetzen. Das Fleisch bei 180 Grad 1 Stunde braten, dabei gelegentlich umrühren (Gas 2, Umluft 160).

4. Das Fleisch aus dem Ofen nehmen, auskühlen lassen und durch die feine Scheibe vom Fleischwolf drehen.

5. Die Essiggurken fein würfeln, mit den frischen Majoranblättern, Petersilie und dem restlichen zimmerwarmen Schweineschmalz unter die Farce rühren. Die Farce mit Salz und Cayennepfeffer herzhaft würzen.

6. Die Farce in eine Steingutform füllen und zugedeckt über Nacht in den Kühlschrank stellen.

Zubereitungszeit: 2 Stunden
Kühlen: 8–12 Stunden
Pro 100 g
17 g E, 37 g F, 5 g KH = 432 kcal (1795 kJ)

Lauwarmer Kartoffelsalat

Für 6 Portionen:
1 kg Kartoffeln
2 Zwiebeln
1 großes Bund Suppengrün
1 Liebstöckelzweig
6 El Öl
1/4 l Gemüsebrühe (Glas)
50 ml Weißweinessig
Salz, Pfeffer (Mühle)
2 Bund Schnittlauch
4 Eigelb, 3 El Schlagsahne
1 El gekörnter Senf

1. Die Kartoffeln in der Schale garen, abschrecken und pellen.

2. Inzwischen die Zwiebeln und das Suppengrün putzen und fein würfeln, mit dem Liebstöckelzweig im Öl andünsten, mit 1/8 l Gemüsebrühe 3 Minuten kochen und dann beiseite stellen.

3. Die restliche Brühe mit dem Essig mischen und erhitzen. Die Kartoffeln in Scheiben schneiden und in die Brühe geben, dabei jede Lage salzen und pfeffern.

4. Die Kartoffeln 15 Minuten ziehen lassen, dabei einmal wenden.

5. Inzwischen den Schnittlauch in feine Röllchen schneiden.

6. Die überschüssige Marinade von den Kartoffeln abgießen und auffangen, mit Eigelb, Sahne und Senf verrühren und einmal fast aufkochen, dabei kräftig mit dem Schneebesen schlagen.

7. Die Kartoffeln in der heißen Sauce wenden, mit Salz und eventuell etwas mehr Essig abschmecken.

8. Kartoffeln und Suppengrün locker mischen, mit Schnittlauch bestreuen und servieren.

Zum lauwarmen Kartoffelsalat passen Würstchen und kurzgebratenes Fleisch genauso gut wie ein saftiges Fischfilet.

Zubereitungszeit: 45 Minuten
Pro Portion
7 g E, 17 g F, 25 g KH = 285 kcal (1195 kJ)

Ganz einfach unwiderstehlich

SUPPEN, EINTÖPFE UND AUFLÄUFE

Simple Hausmannskost: das waren früher die Gerichte, die aus einem einzigen Topf kamen. Davon sind sie heute meilenweit entfernt. Sie sind jetzt frisch und köstlich. Und einfach unwiderstehlich

Quer-durch-den-Wintergarten-Suppe **

Für 6–8 Portionen:
1,2 kg Kartoffeln (festkochend)
700 g Möhren
500 g Sellerie
120 g Zwiebeln
100 g durchwachsener Speck
2–3 frische Chilischoten
50 g Butter
2 l Rinderbrühe
Salz
Pfeffer (Mühle)
2 Porreestangen (300 g)
400 g Rosenkohl
1 El Majoranblätter
200 g Crème fraîche
6–8 Scheiben Räucherlachs

1. Kartoffeln, Möhren und Sellerie putzen, waschen und 1 cm groß würfeln. Zwiebeln und Speck fein würfeln. Die Chilischoten aufschlitzen, entkernen und in feine Streifen schneiden.

2. Die Butter im Topf erhitzen. Speck und Zwiebeln darin glasig dünsten. Das gewürfelte Gemüse zugeben und kurz mitdünsten. Die Brühe zugießen, salzen und pfeffern. Die Suppe zugedeckt bei milder Hitze 30 Minuten leise kochen lassen.

3. Inzwischen den Porree putzen, waschen und in Rauten schneiden. Den Rosenkohl putzen, waschen und die Stielansätze kreuzförmig einschneiden.

4. Porree, Rosenkohl und Majoran in den Topf geben. Die Suppe noch etwa 10 Minuten weiterkochen, bis der Rosenkohl gar ist.

5. Die Suppe noch einmal mit Salz und Pfeffer abschmecken. Crème fraîche und Räucherlachs getrennt servieren.

Baguette oder kräftiges Landbrot dazu reichen.

Zubereiten: 1 3/4 Stunden
Pro Portion (6 Port.)
14 g E, 34 g F, 38 g KH = 518 kcal (2172 kJ)

Quer durch den Garten

***»e&t«:** Die Pfalz ist, seit das ewige Hin und Her mit den Franzosen begann, für diese immer „le beau jardin du Bon Dieu" gewesen, schlicht übersetzt: des lieben Gottes schöner Garten. Eine treffende Bemerkung, denn es wachsen im milden Pfälzer Klima außer dem Wein auch die schönsten Kräuter und die zartesten Gemüse. Beides sind naturgemäß die wichtigsten Bestandteile einer Suppe, die in der Pfalz „Quer dorsch de Garde" oder auch „Franzosensupp" heißt. Wie vielseitig eine Gemüsesuppe auch in der kalten Jahreszeit bestückt werden kann, zeigt Johann Lafer in seiner Winter-Version.*

Gemüseauflauf mit Kürbiskernen **

Für 4 Portionen:
100 g Bundmöhren
300 g Zucchini
150 g Staudensellerie
150 g Broccoli
150 g Blumenkohl
120 g Porree, Salz
250 ml Schlagsahne
50 ml Milch
Pfeffer (Mühle)
Muskatnuß
Butter für die Form
100 g Hartkäse (z.B. Allgäuer Bergkäse)
30 g Kürbiskerne

1. Möhren putzen. Zucchini putzen, in 3 cm lange Stifte schneiden. Den Staudensellerie putzen, gründlich entfädeln, auch in Stifte schneiden. Broccoli und Blumenkohl putzen und in Röschen teilen. Porree putzen (dunkelgrüne Teile entfernen) und in Rauten schneiden.

2. In einem großen Topf sehr viel Salzwasser sprudelnd aufkochen. Das vorbereitete Gemüse darin nacheinander kurz blanchieren und anschließend gut abtropfen lassen.

3. Sahne und Milch in einem Topf in 10-15 Minuten bei mittlerer Hitze dickflüssig einkochen, mit Salz, Pfeffer und Muskat würzen. Die Porreerauten kurz mitgaren.

4. Eine Auflaufform (20x30 cm) ausbuttern. Das Gemüse bunt durcheinander einschichten. Die eingekochte Sahne darüber gießen. Den Käse in die Form hobeln.

5. Den Auflauf im vorgeheizten Backofen auf der 2. Leiste v. u. bei 220 Grad 15-20 Minuten garen (Gas 3–4, Umluft 20 Min./220 Grad).

6. Inzwischen die Kürbiskerne in einer Pfanne ohne Fett rösten und vor dem Servieren auf den heißen Gemüseauflauf streuen.

Gebuttertes Nußbrot zum Auflauf reichen.

Zubereiten: 1 Stunde
Pro Portion
15 g E, 34 g F, 8 g KH = 406 kcal (1699 kJ)

Heiß und kalt

Johann Lafer: Damit Möhren, Sellerie, Zucchini, Broccoli, Blumenkohl und Staudensellerie im Auflauf zur gleichen Zeit gar werden können, müssen sie vorher blanchiert werden. Dafür werden sie nacheinander kurz in kochendes Salzwasser gegeben, mit einer Schaumkelle herausgefischt und gleich in Eiswasser getaucht. Dadurch behält das Gemüse zum einen seine schöne Farbe, zum anderen wird der Garprozeß dadurch abrupt gestoppt.

Schweriner Gurkensuppe

Für 4 Portionen:
300 g Möhren
80 g Sellerie
80 g Zwiebeln
70 g frischer Ingwer
3 El Öl
1 l Gemüsefond (Glas)
2 Salatgurken (à 600 g)
Salz, weißer Pfeffer (Mühle)
1 Topf Pimpinelle (oder Borretsch)
1 Handvoll Kerbel
50 ml Schlagsahne
250 g Kalbsbrät
4 Gewürznelken
200 g TK-Erbsen

1. Möhren und Sellerie waschen, putzen. Zwiebeln und Ingwer schälen. 1/2 Möhre erst in feine Scheiben, dann in Rauten schneiden und beiseite stellen. Restliche Möhren, Sellerie, Zwiebeln und Ingwer fein würfeln.

2. Gemüsewürfel im heißen Öl andünsten. Gemüsefond zugießen, bei milder Hitze 30 Minuten zugedeckt leise kochen.

3. Inzwischen die Gurken schälen, längs halbieren und die Kerne herausschaben. Das Gurkenfleisch in dünne Scheiben schneiden, 1/4 davon beiseite stellen.

4. Den Gemüsefond 10 Minuten mitkochen. Die Suppe im Topf mit dem Schneidstab fein pürieren, durch ein feines Sieb gießen, salzen und pfeffern.

5. Die Kräuter (bis auf etwas Pimpinelle zum Dekorieren) fein hacken, mit der Sahne und dem Kalbsbrät glatt vermischen, dabei herzhaft salzen und pfeffern.

6. 750 ml leicht gesalzenes Wasser mit den Nelken aufkochen. Aus der Fleischfarce mit 2 nassen Eßlöffeln 8 glatte Nocken formen und ins kochende Wasser gleiten lassen. Den Topf vom Herd nehmen. Die Klöße in etwa 12 Minuten gar ziehen lassen, mit der Schaumkelle herausheben und abtropfen lassen.

7. Erbsen und beiseite gestellte Möhren und Gurken in die Suppe geben, einmal aufkochen lassen und dann die abgetropften Klöße hineingeben. Die Gurkensuppe vor dem Servieren mit der restlichen Pimpinelle dekorieren.

Zubereiten: 1 Stunde
Pro Portion
14 g E, 28 g F, 20 g KH = 409 kcal (1715 kJ)

Kanincheneintopf mit Wachtelbohnen

Für 4–6 Portionen:
175 g getrocknete Wachtelbohnen
40 ml Olivenöl
Salz
3 Zweige Salbei
4 Kaninchenrücken (à 350 g)
250 g Suppengrün
200 g Zwiebeln
2 Knoblauchzehen
40 g Butter
1,6 l Geflügelfond (Glas)
500 g Tomaten
300 g Staudensellerie
schwarzer Pfeffer (Mühle)
1/2 Bund Thymian
1 Bund glatte Petersilie

1. Die Bohnen mit warmem Wasser bedecken, mit Olivenöl, Salz und 1 Zweig Salbei im geschlossenen Topf bei milder Hitze in 2 1/2 Stunden weich kochen.

2. Die Kaninchenrückenfilets und die Nieren von den Knochen lösen, die Häute entfernen, das Fleisch kalt stellen, die Karkassen kleinhacken.

3. Das Suppengrün kleinschneiden. Die Zwiebeln und den Knoblauch würfeln.

4. Die Karkassen in der heißen Butter dunkelbraun anrösten. Suppengrün, Zwiebeln und Knoblauch kurz mitrösten. Den Geflügelfond zugießen und bei milder Hitze 1 Stunde kochen.

5. Inzwischen die Tomaten häuten, vierteln und entkernen. Häute und Kerne zum Kaninchenfond geben. Den Staudensellerie putzen, die Blätter beiseite stellen, die Stangen schräg in 1 cm breite Stücke schneiden.

6. Die Bohnen kurz abtropfen lassen. Den Kaninchenfond durch ein feines Sieb gießen, salzen, pfeffern und mit dem Staudensellerie 5 Minuten bei milder Hitze garen. Kaninchenrückenfilets und die Nieren zugeben und weitere 5 Minuten garen. Die Tomatenviertel untermischen.

7. Restlichen Salbei, Thymian, Petersilie und Sellerieblätter fein hacken.

8. Kaninchenfilets und Nieren aus dem Fond nehmen, die Filets schräg in dünne Scheiben schneiden, die Nieren längs halbieren. Filets und Nieren mit den Kräutern wieder in den Fond geben.

9. Den Kanincheneintopf in vorgewärmten, tiefen Tellern servieren.

Zubereiten: 2 1/2 Stunden
Pro Portion (6 Port.)
50 g E, 26 g F, 18 g KH = 535 kcal (2236 kJ)

Brotsuppe mit Kräutern **

Für 4–6 Portionen:
6 Scheiben altbackenes Weißbrot
300 g Zwiebeln
30 g Butter
1 Tl Paprikapulver (edelsüß)
1/4 l Weißwein
1/2–1 l Rinderbrühe
Salz
Pfeffer (Mühle)
Muskatnuß (frisch gerieben)
3 Tomaten
2 Bund Schnittlauch
1 Bund Petersilie
1 Bund Kerbel
2 Eigelb
200 ml Schlagsahne

1. Die Brotscheiben unter den vorgeheizten Grill des Backofens schieben und goldbraun rösten (oder im Toaster toasten).

2. Die Zwiebeln pellen und in Streifen schneiden.

3. Die Butter im Topf zerlassen, die Zwiebeln darin bräunen und mit Paprikapulver bestreuen. Wein und 1/2 l Brühe zugießen, mit Salz, Pfeffer und Muskat würzen. Das Brot einschichten. Die Suppe bei milder Hitze 15 Minuten leise kochen lassen.

4. Inzwischen die Tomaten brühen, pellen, vierteln und dabei entkernen. Die Viertel noch einmal durchschneiden.

5. Das Brot mit einer Schaumkelle vorsichtig aus der Brühe heben und zugedeckt warm stellen.

6. Die Kräuter schneiden, in die Suppe rühren (eventuell noch etwas Brühe zugießen) und 2 Minuten garen.

7. Das Eigelb mit der Sahne verquirlen, die Suppe damit legieren. Den Topf sofort vom Herd ziehen. Die Tomatenstücke in die Suppe geben. Die Suppe vor dem Servieren noch einmal mit Salz und Pfeffer abschmecken.

8. Die beiseite gestellten Brotscheiben in vorgewärmte Teller geben und bei Tisch mit der heißen Suppe begießen.

Zubereiten: 45 Minuten
Pro Portion (6 Port.)
5 g E, 18 g F, 17 g KH = 261 kcal (1090 kJ)

Grünkernsuppe mit Kaninchenfilet

Für 4 Portionen:
100 g Grünkern
60 g Grünkernschrot
1 kleines Lorbeerblatt
Salz, 100 g feine Zwiebelwürfel
4 El Öl
1,2 l Gemüsefond (Glas)
100 g Möhren
3 Zweige Thymian
1 Kaninchenrückenfilet (etwa 120 g, aus einem Rücken geschnitten, den Rest anderweitig verwenden)
weißer Pfeffer (Mühle)
2 Kaninchennieren
50 ml Schlagsahne
etwas Kerbel zum Dekorieren

1. Grünkern und Grünkernschrot getrennt voneinander unter Wenden hellbraun rösten.

2. Den ganzen Grünkern 20 Minuten mit dem Lorbeerblatt in leicht gesalzenem Wasser weich kochen, in ein feines Sieb gießen, mit kaltem Wasser abspülen und gut abtropfen lassen.

3. Inzwischen die Zwiebeln in 2 El Öl andünsten, den Gemüsefond zugießen und aufkochen. Den Grünkernschrot zugeben und 5 Minuten leise mitkochen. Die Suppe mit dem Schneidstab fein pürieren.

4. Die Möhren schälen, in feine Streifen schneiden, 2 Minuten in Salzwasser blanchieren und abtropfen lassen. Die Thymianblättchen fein hakken. Das Kaninchenfilet salzen, pfeffern. Die Nieren waschen und trocknen.

5. Das restliche Öl stark erhitzen, das Filet darin in 3 Minuten rundum goldbraun braten. Die Nieren mit dem Thymian in die Pfanne geben und 1 Minute mitbraten. Die Kaninchenteile in Alufolie wickeln und ruhenlassen.

6. Die Suppe aufkochen, die Sahne einrühren, salzen und pfeffern.

7. Zum Servieren das Kaninchenfilet schräg in 8 Scheiben schneiden, die Nieren diagonal durchschneiden. Die Suppe in vorgewärmte Teller füllen und den ganzen Grünkern einstreuen. Die Kaninchenteile und Möhrenstreifen hineinlegen. Die Suppe mit Kerbelblättchen dekorieren.

Knuspriges Baguette dazu reichen.

Zubereiten: 1 Stunde
Pro Portion
14 g E, 19 g F, 33 g KH = 368 kcal (1540 kJ)

Lammeintopf mit Zimt und Quitten

Für 4–6 Portionen:
1,5 kg Lammschulter (ohne Knochen)
Salz
200 g Zwiebeln
3 Knoblauchzehen
40 g Butter
3 Döschen Safranfäden
1 Tl Kreuzkümmel (gemahlen)
1 Tl Zimtpulver
1,2 l Lammfond (Glas)
300 g Möhren
250 g Salatgurke
350 g Quitten
25 g frische Ingwerwurzel
1 kleine rote Chilischote
50 g Korinthen
je 3 Zweige Koriandergrün, Dill und glatte Petersilie

1. Das Lammfleisch von dicken Fettschichten und Sehnen befreien und in 15 g schwere Würfel schneiden und salzen. Die Zwiebeln fein würfeln und den Knoblauch durchpressen.

2. Die Butter in einem breiten Topf erhitzen, das Fleisch darin bei starker Hitze rundum anbraten. Zwiebeln, Knoblauch, Safran, Kreuzkümmel und Zimt unterrühren. Den Lammfond zugießen, salzen und zugedeckt bei milder Hitze 1 1/4 Stunden garen.

Raffinierte Würzung

»e&t«: Ein deutscher Eintopf mit den Düften des Orients: Die neue frische Küche macht es möglich, weil sie multikulturell ist und sich von allem das beste einverleibt. Wo früher Hammel allenfalls mit Zwiebeln und Kartoffeln in einem Topf schmorte (im Berliner Bollenfleisch), sind heute zartes Lamm von deutschen Wiesen und Gewürze aus Arabien, Spanien und Mexiko eine gelungene, raffinierte Kombination.

3. Inzwischen die Möhren putzen und längs halbieren. Die Gurke schälen, längs halbieren und entkernen. Die Quitten schälen, in Spalten schneiden und entkernen. Alles in 1 cm große Stücke schneiden. Den Ingwer schälen und fein reiben. Die Chilischote putzen, entkernen und sehr klein würfeln.

4. 20 Minuten vor Ende der Garzeit Quitten, Möhren, Chili, Ingwer und Korinthen in den Eintopf geben. 5 Minuten vor Ende der Garzeit die Gurken unterrühren.

5. Den Eintopf mit feingeschnittenem Koriandergrün, Dill und Petersilie bestreuen und servieren.

Zubereiten: 1 3/4 Stunden
Pro Portion
50 g E, 40 g F, 10 g KH = 657 kcal (2750 kJ)

Kaisers Jagdtopf **

Für 6–8 Portionen:
2 El Steinpilzöl
50 g getrocknete Steinpilze
150 g Zwiebelwürfel
1-2 Tl Fenchelsaat
1 Lorbeerblatt
1/2 l Rinderbrühe
1 Weißkohlkopf (1 1/2 kg)
Salz
1 kg Kartoffeln (mehligkochend)
4 El Öl
700 g Zwiebelringe
500 g Rinderfilet
500 g Kalbsfilet
500 g Schweinefilet
Pfeffer (Mühle)
Butter für die Form
1 Tl Kümmelkörner

1. Das Steinpilzöl im Topf erhitzen. Steinpilze, Zwiebelwürfel, 1/2 Tl Fenchelsaat und das Lorbeerblatt kurz darin anschwitzen. Mit Rinderbrühe aufgießen, einmal aufkochen, vom Herd nehmen und zugedeckt noch 30 Minuten ziehen lassen.

2. Inzwischen aus dem Weißkohlkopf den Strunk herausschneiden. Den Kohl mit einer Fleischgabel aufspießen, kopfüber in kochendes Salzwasser halten und darin blanchieren, bis die Blätter sich einzeln lösen. Die Blätter mit der Schaumkelle herausheben und auf Küchenpapier abtropfen lassen.

3. Die Kartoffeln schälen, waschen und in 2 mm dünne Scheiben schneiden.

4. Das Öl erhitzen und die Zwiebelringe darin bräunen.

5. Das Fleisch getrennt in sehr dünne Scheiben schneiden (vorher vielleicht etwas anfrieren lassen), salzen und pfeffern.

6. Einen Bräter ausbuttern und mit den größten Kohlblättern so auslegen, daß die Blätter auch etwas über den Rand hängen. Ein Drittel Kartoffelscheiben einlegen und salzen. Ein Drittel Zwiebelringe daraufgeben und fest andrücken. Die Schweinefilets daraufgeben, mit etwas Fenchel und Kümmel würzen. Einige Kohlblätter darauflegen und fest andrücken. Den Vorgang mit Kalbsfilet und Rinderfilet wiederholen. Als letzte Schicht die über dem Topfrand hängenden Kohlblätter darauflegen und wieder fest andrücken.

7. Den Eintopf auf dem Herd etwa 2 Minuten anschmoren. Den Steinpilzfond durch ein Sieb in den Topf gießen und aufkochen.

8. Den Eintopf zugedeckt im vorgeheizten Backofen auf der 2. Leiste v. u. bei 200 Grad 50-60 Minuten garen (Gas 3, Umluft 40-50 Min./180 Grad). 10 Minuten vor Ende der Garzeit den Deckel abnehmen.

Den Eintopf im Bräter servieren.

Zubereiten: 2 Stunden
Pro Portion (8 Port.)
47 g E, 14 g F, 30 g KH = 443 kcal (1858 kJ)

Jägers Freuden

Johann Lafer: Das ist meine leichte, würzige Variante eines derben winterlichen Kohleintopfes, dessen Ursprünge in der Mark Brandenburg liegen, wo preußische Könige und deutsche Kaiser zu jagen pflegten. Ich hab' mir sagen lassen, daß Willem II ein ausgesprochener Fan des deftigen Topfes war. Er ließ ihn sich in der Küche von Schloß Königs Wusterhausen einschichten und dann nach draußen in die Wälder bringen, um seinen kalten Jägermagen zu wärmen.

Gewürzsüppchen mit Champignon-Flädle

Für 6–8 Portionen:
Suppe
2 1/2 l sehr guter Rinderfond (Glas)
1 Bund Thymian
Salz
1 El Wacholderbeeren
1 El schwarze Pfefferkörner
2 Pimentkörner
2 Gewürznelken
1 Zimtstange
4 frische Lorbeerblätter
Flädle
60 g Mehl
Salz
Zucker
250 g Champignons
4 El Öl
Pfeffer (Mühle)
1/2 Bund glatte Petersilie
2 Eier (Gew.- Kl. 3)
1 Bund Schnittlauch

1. Den Fond in einem großen Topf erhitzen. Den Thymian grob hacken und mit Salz, Wacholder, Pfeffer, Piment, Nelken, Zimt und Lorbeer in die Brühe geben. Die Brühe über Nacht kalt stellen.

2. Die Brühe am nächsten Tag durch ein feuchtes Mulltuch in einen Topf umgießen und erhitzen.

3. Für den Flädleteig das Mehl mit je 1 Prise Salz und Zucker und 150 ml Wasser verquirlen und 20 Minuten ausquellen lassen.

4. Inzwischen für die Flädlefüllung die Champignons mit Küchenpapier abreiben. 200 g Pilze sehr fein hacken, in 2 El heißem Öl rundum kräftig anbraten, vom Herd nehmen, herzhaft salzen und pfeffern.

5. Die Petersilie grob hacken und mit den Eiern unter den Flädleteig rühren.

6. Restliches Öl in einer großen Pfanne erhitzen, darin nacheinander aus dem Teig 2 dünne Pfannkuchen backen (nur von der Unterseite). Jeweils eine Hälfte der gehackten Champignons auf die feuchte Oberseite streuen.

7. Die Pfannkuchen auf die Arbeitsfläche gleiten lassen, etwas abkühlen lassen, so eng wie möglich aufrollen und fest in Folie wickeln, um sie in Form zu bringen.

8. Die restlichen Champignons in Scheiben und den Schnittlauch in feine Röllchen schneiden.

9. Die abgekühlten Pfannkuchen auswickeln, schräg in Scheiben schneiden und auf gut vorgewärmte Teller geben. Die Gewürzbrühe sehr heiß darüberschöpfen. Die Pilze und den Schnittlauch hineingeben.

Das Gewürzsüppchen sofort servieren.

Zubereiten: 1 Stunde
Kühlen: über Nacht
Pro Portion
6 g E, 12 g F, 6 g KH = 165 kcal (688 kJ)

Schnelle Kartoffelsuppe mit Basilikumpaste

Für 4 Portionen:
400 ml Geflügelfond
(Glas oder frisch gekocht)
200 g Kartoffeln
50 g getrocknete Tomaten
(in Öl eingelegt)
30 g Pinienkerne
1 1/2 Bund Basilikum
1/2 Bund glatte Petersilie
2 Knoblauchzehen
3 El Olivenöl
Salz
Pfeffer (Mühle)

1. Den Geflügelfond im Topf mit 100 ml Wasser mischen und erhitzen.

2. Die Kartoffeln schälen, waschen und gleichmäßig fein würfeln. Die Tomaten würfeln.

3. Die Kartoffeln im Fond bei milder Hitze ohne Deckel etwa 15 Minuten kochen, bis sie weich sind, aber noch nicht zerfallen. Die Tomaten nach 5 Minuten mit 2 El Tomatenöl zugeben.

4. Inzwischen für die Paste die Pinienkerne ohne Fett hellbraun rösten. 1 Bund Basilikum und die Petersilie grob hacken. Den Knoblauch pellen und durchpressen. Alles mit dem Olivenöl im Mixer fein pürieren.

5. Die Suppe salzen und pfeffern. Restliches Basilikum abzupfen und unterrühren, sofort servieren.

Die Paste extra reichen.

Zubereiten: 35 Minuten
Pro Portion
5 g E, 18 g F, 10 g KH = 225 kcal (940 kJ)

Graupensuppe mit geräucherter Entenbrust **

Für 4–6 Portionen:
30 g Butterschmalz
80 g durchwachsener Speck in Würfeln
100 g Zwiebelwürfel
100 g Porreewürfel
100 g Möhrenwürfel
50 g Selleriewürfel
80 g Perlgraupen
1,5 l Rinderfond (Glas)
Salz, Pfeffer (Mühle)
1 El gehackte Petersilie
1 El gehackter Kerbel
1 geräuchertes Entenbrustfilet (200 g)

1. Das Butterschmalz im Topf erhitzen. Den Speck und die Zwiebeln darin glasig dünsten. Gemüse und Graupen zugeben und 2 Minuten mitdünsten. Den Rinderfond zugießen. Die Suppe bei milder Hitze zugedeckt 30 Minuten leise kochen lassen.

2. Die Graupensuppe mit Salz und Pfeffer würzen und die frischen Kräuter unterziehen.

3. Die Entenbrust in dünne Scheiben schneiden und vor dem Servieren in die Suppe geben.

Zubereiten: 45 Minuten
Pro Portion (6 Port.)
12 g E, 20 g F, 12 g KH = 292 kcal (1223 kJ)

Geliebt, gefürchtet

»e&t«: Grütze aus Gerste, Hafer und Buchweizen, spielte, zu Brei gekocht, im vorigen Jahrhundert eine Hauptrolle in der Arme–Leute-Küche. Die mehr gefürchtete als geliebte Grütze gab es morgens, mittags und abends. Eine der beliebtesten Anrichteweisen: Die Grütze wurde in Milch gekocht, kam in der großen Pfanne auf den Tisch und wurde dort mit brauner Butter begossen. Der Norden Deutschlands ist bekannt für seine Buchweizengrützen, der Süden nimmt eher Hafer und Gerste. Grützen kommen glücklicherweise wieder in Mode. Die neue Küche bedient sich ihrer als Suppeneinlage in kräftiger Brühe und paart sie gern mit frischen Kräutern und Gemüsen. Schöne Aromaträger für Graupen sind auch Pilze, vor allem Steinpilze, und Sahne. Übrigens: Graupen (oder wie der Volksmund sagt: Grütze) sind geschälte und geschnittene Körner von Gerste, Hafer und Buchweizen.

Nudelauflauf mit Gemüse

Für 6–8 Portionen:
500 g junge Möhren
750 g Spargel
600 g Kohlrabi
500 g Bandnudeln
Salz
1 Tl Öl
200 g Butter
1 Tl Zucker
300 g junge Erbsen (aus der Schale gelöst, ersatzweise TK-Erbsen)
60 g Mehl
1/8 l Schlagsahne
weißer Pfeffer (Mühle)
Muskatnuß (frisch gerieben)
2 El Zitronensaft
2 große Bund Kerbel
3 Bund glatte Petersilie
4 Scheiben Weizentoastbrot

1. Möhren und Spargel schälen. Die Möhren der Länge nach vierteln, den Spargel der Länge nach halbieren. Beides in 6 cm lange Stücke schneiden. Den Kohlrabi schälen und erst in dicke Scheiben, dann wie Pommes frites in Stifte schneiden.

2. Die Bandnudeln nach Packungsanweisung in Salzwasser garen, abtropfen lassen und mit dem Öl mischen.

3. 3/8 l Wasser mit 50 g Butter, dem Zucker und 1 Prise Salz aufkochen. Darin zuerst Möhren und Kohlrabi 6–8 Minuten zugedeckt garen, herausheben und in einen Durchschlag geben. Spargel 4–5 Minuten zugedeckt in der Gemüsebrühe garen. Die Erbsen 1 Minute vor Ende der Garzeit zugeben. Das Gemüse zum Abtropfen in einen Durchschlag schütten, dabei die Gemüsebrühe auffangen.

4. 100 g Butter in einem Topf schmelzen. Das Mehl mit dem Schneebesen einrühren. Die Gemüsebrühe mit 1/8 l Wasser und der Sahne verrühren, die Mehlschwitze damit ablöschen. Die Béchamelsauce mit dem Schneebesen kräftig durchrühren und 1–2 Minuten kochen, mit Salz, weißem Pfeffer, Muskat und Zitronensaft würzen. Die Kräuter nicht zu fein hacken und unter die Sauce heben.

5. Eine ofenfeste Form (4 l Inhalt) mit etwas weicher Butter ausfetten. Eine Schicht Nudeln in die Form geben, darauf jeweils 1/3 der Gemüsemischung und 1/3 der Sauce verteilen. Vorgang zweimal wiederholen, den Auflauf zum Schluß mit Nudeln bedecken.

6. Toastbrot ohne Rinde im Mixer zerkleinern, die Brösel auf den Auflauf verteilen. Die restliche Butter in Flöckchen daraufgeben.

7. Den Nudelauflauf im vorgeheizten Backofen auf der 2. Leiste v. u. 45 Minuten bei 225 Grad garen, 10 Minuten vor Garzeitende mit Alufolie abdecken, falls die Oberfläche zu dunkel wird (Gas 4, Umluft 200 Grad, dabei nach 25 Minuten abdecken). Den Auflauf in der Form servieren.

Dazu paßt in feine Streifen geschnittener Katenschinken.

Zubereiten: 1 1/2 Stunden
Pro Portion (6 Port.)
21 g E, 39 g F, 86 g KH = 798 kcal (3339 kJ)

Steckrübeneintopf mit Senfgurken und Meerrettich

Für 4 Portionen:
800 g Steckrüben
350 g Kartoffeln
500 g Möhren
80 g frischer Meerrettich
40 g Zucker
40 g Butter
Salz
1/4 l Gemüsefond (Glas)
150 g Senfgurken (mit Flüssigkeit)
1 Bund Schnittlauch
4 Eier
20 g Butterschmalz
schwarzer Pfeffer (grob zerstoßen)

1. Steckrüben, Kartoffeln, Möhren und Meerrettich schälen. Die Steckrüben und die Kartoffeln sehr fein und gleich groß würfeln. Die Möhren in Scheiben schneiden. Den Meerrettich längs halbieren und in dünne Scheiben schneiden.

2. Den Zucker bei milder Hitze hellbraun karamelisieren. Die Butter unterrühren und schmelzen. Zuerst den Meerrettich darin andünsten, dann das Gemüse unterrühren und andünsten, salzen und mit dem Gemüsefond und 50 ml Senfgurkenflüssigkeit ablöschen.

3. Das Gemüse bei milder Hitze 25 Minuten zugedeckt kochen, dabei gelegentlich vorsichtig umrühren.

4. Inzwischen die Senfgurken fein würfeln. Den Schnittlauch in Röllchen schneiden.

5. Das Butterschmalz portionsweise in einer Pfanne erhitzen, die Eier portionsweise als Spiegeleier darin braten, salzen und pfeffern.

6. Die Senfgurkenwürfel unter den Eintopf mischen, mit Pfeffer würzen und mit Schnittlauch bestreuen.

Die Spiegeleier getrennt dazu servieren.

Zubereiten: 1 1/4 Stunden
Pro Portion
13 g E, 21 g F, 41 g KH = 412 kcal (1726 kJ)

Pfeffer-Potthast

(Westfälischer Eintopf mit Rindfleisch)

Für 4–6 Portionen:
1,2 kg Zwischenrippe (mit Knochen)
1 Bund Suppengrün
500 g Schalotten
1 Bund Thymian
Salz, 1 Tl Zucker
2 Tl Pfefferkörner
1 Tl Wacholderbeeren
3 Lorbeerblätter
1/2 Tl Pimentkörner
2 Zimtstangen (halbiert)
1 frische rote Chilischote
500 g Porree
1 Bund glatte Petersilie
3 Scheiben Pumpernickel (150 g)
1 Zitrone (unbehandelt)
Pfeffer (Mühle)

1. Das Fleisch von den Knochen schneiden, das Fett soweit wie möglich abtrennen. 60 g Fett fein hacken. Das Suppengrün putzen und grob zerteilen.

2. 30 g Fett ausbraten, Knochen und Suppengrün darin leicht anrösten. Mit 2 l kaltem Wasser bedecken, aufkochen und abschäumen.

3. Die Brühe ohne Deckel 1 1/4 Stunden bei milder Hitze kochen, ab und zu Fett und den Schaum abschöpfen. Die Brühe durch ein feines Sieb in einen anderen Topf umgießen.

4. Inzwischen das Fleisch würfeln, die Schalotten pellen und den Thymian abzupfen. Das restliche Fett ausbraten, das Fleisch darin rundum scharf anbraten, mit 1 Prise Salz, Zucker und dem Thymian würzen.

5. Die Schalotten zugeben und kurz andünsten. Pfeffer, Wacholder, Lorbeer, Piment, Zimt und die Chilischote untermischen. Die Brühe zugießen, bei milder Hitze ohne Deckel 30 Minuten leise kochen lassen.

6. Inzwischen den Porree putzen, in Scheiben schneiden und nach 15 Minuten in den Topf geben.

7. Die Petersilie fein hacken. Den Pumpernickel würfeln und im Mixer fein zerkleinern. Die Hälfte der Zitrone dünn abschälen, die Schale in feine Späne schneiden, 2-3 El Saft auspressen.

8. Den Eintopf mit Salz, Pfeffer und Zitronensaft würzen. Die Chilischote entfernen. Die Hälfte der Petersilie unterziehen.

9. Den Pumpernickel mit Zitronenspänen und der restlichen Petersilie mischen, getrennt reichen und den Pfeffer-Potthast bei Tisch damit bestreuen.

Zubereiten: 2 Stunden
Pro Portion (bei 6 Portionen)
35 g E, 17 g F, 20 g KH = 373 kcal (1561 kJ)

Frisch und fein

FISCH

Deutschlands neue Fischküche ist ungewöhnlich und kreativ. Weil sie nur das Beste und Frischeste nimmt von dem, was bei uns im Salz- und im Süßwasser schwimmt

Waller mit Spinat und Walnußbutter **

Für 4 Portionen:
4 Wallerfilets (à 180 g)
Salz, Pfeffer (Mühle)
2–4 El Zitronensaft
6 El Walnußöl
1 Thymianzweig
1 Lorbeerblatt
1/2 l Fischfond
100 ml Schlagsahne
80 g Butter, 50 g Walnußkerne
Blätter von 1 Bund Petersilie
400 g Spinat (geputzt)

1. Die Wallerhaut kreuzförmig einschneiden, damit sich der Fisch beim Braten nicht biegt. Die Filets von beiden Seiten mit Salz, Pfeffer und 1–2 El Zitronensaft würzen.

2. 3 El Walnußöl in der Pfanne erhitzen. Die Filets darin zuerst mit der Hautseite anbraten, dann umdrehen und kurz weiter braten. Thymian und Lorbeer zugeben. 1/8 l Fischfond zugießen und einmal aufkochen. Die Pfanne vom Herd nehmen. Die Wallerfilets zugedeckt in etwa 15 Minuten gar ziehen lassen.

3. Inzwischen den restlichen Fischfond mit der Sahne aufkochen und in 10 Minuten bei starker Hitze um ein Drittel einkochen. 50 g kalte Butter in kleinen Stücken einschwenken. Die Sauce mit Salz und Pfeffer abschmecken und beiseite stellen.

4. Inzwischen für den Spinat die restliche Butter mit dem restlichen Walnußöl in einer großen Pfanne aufschäumen. Walnußkerne und Petersilienblätter zugeben. Die Spinatblätter nach und nach untermischen.

5. Den Spinat mit Salz, Pfeffer und 1–2 El Zitronensaft würzen und bei milder Hitze 5 Minuten garen.

Die Wallerfilets mit der Sauce und dem Spinat anrichten.

Dazu passen Petersilienwurzel-Chips.

Zubereiten: 30 Minuten
Pro Portion
33 g E, 68 g F, 5 g KH = 389 kcal (1663 kJ)

Fischfond **

Für 1 Liter:
1 kg Seezungen- und Steinbuttgräten
Salz, 150 g Schalotten
4 Knoblauchzehen
100 g Staudensellerie
4 El Olivenöl
3 Thymianzweige
1 Lorbeerblatt
1 El weiße Pfefferkörner
1/4 l Weißwein

1. Die Gräten kleinschneiden, 1 Stunde wässern und im Sieb abtropfen lassen.

2. Schalotten, Knoblauch und Staudensellerie putzen und grob zerteilen.

3. Das Öl im Topf erhitzen. Das Gemüse darin glasig dünsten. Gräten, Thymian, Lorbeer und Pfefferkörner zugeben. Weißwein und 1 l Wasser zugießen, salzen.

4. Den Sud einmal aufkochen, die Hitze zurückschalten. Den Sud bei milder Hitze etwa 30 Minuten ziehen lassen. Dabei mehrmals die Trübstoffe abschäumen.

5. Den Fischfond durch ein Tuch in ein anderes Gefäß passieren oder kochend in ein Glas mit Twist-off-Deckel füllen.

Zubereiten: 40 Minuten
Pro Liter
0 g E, 40 g F, 6 g KH = 398 kcal (1663 kJ)

Feiner Pannfisch

Für 4 Portionen:
800 g Kabeljaufilet
3 El Zitronensaft
1,5 kg Kartoffeln (mittelgroß, festkochend)
Salz
1 Bund Frühlingszwiebeln
225 g Butter
150 g scharfer Senf (oder nach Geschmack auch 75 g scharfer und 75 g mittelscharfer Senf)
2 Eigelb
225 g Vollmilchjoghurt
130 g Butterschmalz
80 g Mehl
weißer Pfeffer (Mühle)

1. Das Fischfilet in 16 Stücke schneiden. Die Fischstücke mit Zitronensaft beträufeln.

2. Die Kartoffeln in der Schale in Salzwasser kochen, lauwarm pellen, abkühlen lassen und in Scheiben schneiden.

3. Die Frühlingszwiebeln putzen, die weißen und hellgrünen Blattanteile in feine Ringe schneiden.

4. Für die Senfsauce die Butter bei milder Hitze schmelzen. Senf und Eigelb in einem Stieltopf mit dem Schneebesen verrühren und bei milder Hitze leicht erwärmen. Erst die flüssige Butter, dann nach und nach den Joghurt unter die Senfmischung rühren. Die Sauce erhitzen, aber nicht kochen lassen. Die Sauce im Wasserbad warm halten.

5. 100 g Butterschmalz in einer Pfanne erhitzen. Die Kartoffelscheiben hineingeben und salzen. Die Kartoffeln bei mittlerer Hitze 8–10 Minuten braten und zwischendurch vorsichtig durchschwenken. Die Zwiebeln untermischen. Die Kartoffeln noch 10 Minuten weiterbraten, bis sie leicht gebräunt sind.

6. Salz und Pfeffer in einer flachen Arbeitsschale mischen. Die Fischstücke abtropfen lassen und in der Mehlmischung wenden.

7. Das restliche Butterschmalz in einer 2. Pfanne erhitzen und die Fischstücke darin bei kräftiger Hitze 10–12 Minuten braten, bis sie braun und knusprig sind. Zwischendurch vorsichtig wenden.

8. Die Kartoffeln auf einer vorgewärmten Platte anrichten. Die Fischstücke darauflegen und mit einem Teil der Senfsauce überziehen. Die restliche Senfsauce getrennt servieren.

Dazu paßt Gurkensalat.

Zubereiten: 1 1/2 Stunden
Pro Portion
51 g E, 89 g F, 68 g KH = 1316 kcal (5508 kJ)

Traditionsgericht

»e&t«: Dieses norddeutsche Traditionsgericht haben wir ein bißchen leichter gemacht. Unverändert bleiben die Kartoffeln und das herzhafte Kabeljaufilet, raffinierter – und leichter – wurde die cremige Senfsauce.

Geräucherter Stör auf Gartensalat

Für 6 Portionen:
1 kleiner Kopf Friséesalat
3 Kopfsalatherzen
1 kleines Bund Sauerampfer
1 kleines Bund Löwenzahnsalat
3 Limetten
1 El Heidehonig
Salz, weißer Pfeffer (Mühle)
6 El Traubenkernöl
100 ml trockener Weißwein
500–600 g geräuchertes Störfilet (ersatzweise geräuchertes Forellenfilet)
verschiedene frische, ungespritzte Blüten: z. B. Kapuzinerkresse (mit Blättern), Gänseblümchen, Gurkenblüten, Primeln, Stiefmütterchen

1. Die Salate putzen, waschen und gut trockenschleudern. Die Kopfsalatherzen halbieren.

2. Die Limetten schälen und dabei die weiße Innenhaut völlig entfernen. Aus dem Fruchtfleisch 30 Filets herausschneiden. Aus dem restlichen Fruchtfleisch den Saft auspressen.

3. Für die Sauce Honig mit etwas Salz, Pfeffer, 1 El Limettensaft und Traubenkernöl glattrühren, zuletzt den Wein einrühren.

4. Das Störfilet in 30 dünne Scheiben schneiden, auf einem Backblech ausbreiten, im vorgeheizten Backofen bei 150 Grad kurz erwärmen (Gas 1–2, Umluft genauso).

5. Inzwischen die Kapuzinerkresseblätter und die Salate durch die Sauce ziehen und auf sechs Tellern anrichten. Stör- und Limettenfilets darauf verteilen und mit den Blüten garnieren.

Zum Salat etwas Brot reichen.

Zubereiten: 30 Minuten
Pro Portion
20 g E, 11 g F, 5 g KH = 226 kcal (945 kJ)

Stör aus Sachsen

»e&t«: Rußlands Edelfisch, der Stör, wird auch bei uns erfolgreich gezüchtet, unter anderem in der Nähe von Leipzig von der Firma SAXENSTÖR GmbH, Am Heiligen Holz 2 04552 Eula Telefon 03433–74 08 21

Folien-Forellen mit Borretsch

Für 4 Portionen:
4 Forellen (à etwa 375 g, küchenfertig)
Salz, 1 Zitrone (unbehandelt)
1 El Öl
1 Bund Borretschblätter
60 g Butter
weißer Pfeffer (grob gestoßen)
250 g Champignons
2 El Petersilie (gehackt)

1. Die Forellen gründlich säubern, mit Küchenpapier trokkentupfen und salzen.

2. Die Zitronenschale fein abraspeln und den Saft auspressen. Die Forellen mit der Hälfte des Saftes beträufeln.

3. Für die Forellen 4 Stücke extrastarke Alufolie zurechtschneiden, dünn mit Öl bepinseln und mit etwa 3/4 der Borretschblätter auslegen. Die Fische darauflegen und mit der halben Menge Zitronenschale bestreuen.

4. Den restlichen Borretsch fein hacken.

5. Die Butter mit dem restlichen Zitronensaft, der Zitronenschale, Salz, Pfeffer und Borretsch verkneten und in die Forellen füllen.

6. Die Champignons in Scheiben schneiden, mit Salz und Pfeffer würzen und ebenfalls in die Forellen füllen.

7. Die Alufolie fest zusammenkneifen und die Pakete auf das Backblech legen. Die Forellen im vorgeheizten Backofen auf der 2. Leiste v. o. bei 200 Grad 25 Minuten garen (Gas 3, Umluft 30 Min./180 Grad).

8. Die Folie vorsichtig öffnen, damit kein Saft verlorengeht. Die Fische auf vorgewärmte Teller gleiten lassen, mit Petersilie bestreuen und servieren.

Dazu passen Salzkartoffeln.

Zubereiten: 1 Stunde
Pro Portion
40 g E, 21 g F, 2 g KH = 372 kcal (1522 kJ)

Aalterrine

Für 16–20 Portionen:
400 g Hechtfilet
120 g frisches Aalfilet
Salz, Zucker
weißer Pfeffer (Mühle)
400 ml Schlagsahne (gut gekühlt)
1 Bund Sauerampfer
1 Handvoll Kerbelblättchen
1 Topf Estragon
30 g Pistazienkerne
300 g fetter Speck (ungeräuchert, in großen, 2 mm dicken Scheiben)
250 g geräuchertes Aalfilet
zum Garnieren
Brunnenkresse, Tomatenspalten, Kerbelblätter

1. Fischfilet ohne Gräten in Stücke schneiden, mit 10 g Salz, 1 Prise Zucker und Pfeffer mischen, 10 Minuten im Gefrierschrank kalt stellen.

2. Gekühlten Fisch im Mixer fein pürieren, 150 ml Sahne unterrühren. Püree durch ein feines Sieb in eine gekühlte Schüssel (steht auf Eiswürfeln) streichen. Die restliche Sahne portionsweise unterrühren, salzen, pfeffern. Die Farce wieder kalt stellen.

3. Den Sauerampfer mit abgezupften Kerbel- und Estragonblättchen grob hacken, im Mixer fein pürieren. Ein Drittel Fischfarce mit Kräuterpüree verrühren (wieder auf Eis), mit Salz und Zucker abschmekken und wieder kalt stellen. Die restliche Fischfarce halbieren, die Pistazien unter eine Hälfte mischen. Alles kalt stellen.

4. Eine lange Terrinenform (1 l Inhalt) glatt mit Alufolie auskleiden und mit Speckscheiben auslegen: Beides muß 5 cm über den Rand lappen. Aus den Aalfilets 3 terrinenlange Stücke schneiden.

5. Zuerst die weiße Fischfarce in die Form einfüllen und glattstreichen. Ein Drittel der grünen Fischfarce einschichten, einen Strang Aalfilet in die Mitte legen. Wieder ein Drittel grüne Fischfarce darüberstreichen. Die restlichen Aalfilets einlegen, mit der restlichen grünen Fischfarce bedecken. Zum Schluß mit der Pistazien-Fischfarce abdecken. Speck und Alufolie darüberlegen. Den Deckel auflegen.

6. Die Form bis zum Rand ins heiße Wasserbad setzen. Die Terrine im vorgeheizten Backofen auf der 2. Leiste v. u. bei 150 Grad 55 Minuten garen (Gas 1, Umluft 60 Min./150 Grad).

7. Die Form auf einen Rost stellen, den Deckel abnehmen. Einen Backstein in Alufolie wickeln, die Terrine damit beschweren, bei Zimmertemperatur abkühlen lassen, dann mindestens 12 Stunden kalt stellen.

8. Die Form mit heißem Wasser überspülen. Die Terrine auf ein Brett stürzen. Die Alufolie abziehen. Die Terrine in Scheiben schneiden, den Speck ablösen. Die Scheiben mit Brunnenkresse, Tomatenspalten und Kerbel auf dem Sauerampferschaum anrichten.

Zubereiten: 2 1/2 Stunden
Kühlen: 12 Stunden
Pro Portion (20 Port.)
8 g E, 12 g F, 1 g KH = 154 kcal (646 kJ)

Sauerampferschaum

Für 20 Portionen 1 Bund Sauerampfer waschen. Die Blätter mit 1 Handvoll Kerbel, 1 Bund Schnittlauch und 1–2 El Wasser im Mixer sehr fein pürieren, mit 250 g Crème fraîche glattrühren. Schaum mit Salz, 1 Prise Zucker und Cayennepfeffer abschmecken. Gekühlt zur Aalterrine servieren.

Gebratener Kabeljau im Kartoffelbett

Für 4–6 Portionen:
500 g Schalotten
6 junge Poreestangen (1 kg)
1,5 kg kleine Kartoffeln (festkochend)
2,5 kg Kabeljau mit Kopf (vom Händler ausgenommen)
Salz
weißer Pfeffer (Mühle)
3 El Zitronensaft
375 g Butter

1. Die Schalotten pellen. Den Porree putzen und gründlich waschen. Die hellgrünen und weißen Teile in 5 cm lange Streifen schneiden. Die Kartoffeln schälen.

2. Schalotten und Kartoffeln in kochendem Wasser 7 Minuten blanchieren. Porree nach 4 Minuten zugeben. Danach alle Gemüse in ein Sieb schütten und abtropfen lassen.

3. Den Kabeljau kalt abspülen und trockentupfen. Die Kiemen herausschneiden. Die Rückenflossen und die seitlichen Flossen abschneiden.

4. Den Fisch von innen und außen mit Salz und Pfeffer würzen und mit Zitronensaft einreiben. Die Butter zerlassen.

5. Den Fisch in „Schwimmstellung" in die Mitte der Saftpfanne setzen. Gemüse und Kartoffeln rund um den Fisch herum verteilen und mit Salz und Pfeffer würzen. Den Fisch und das Gemüse mit der zerlassenen Butter begießen.

6. Den Kabeljau im vorgeheizten Backofen auf der untersten Leiste bei 220 Grad etwa 25–30 Minuten garen (Gas 3–4, Umluft 25–30 Minuten bei 220 Grad). Den Fisch dabei öfter mit dem Bratfett begießen.

Zubereiten: 1 1/4 Stunden
Pro Portion (6 Port.)
63 g E, 54 g F, 40 g KH = 931 kcal (3894 kJ)

Ganzer Fisch – ganz einfach!

»e&t«: Das Zubereiten eines ganzen Fisches ist wirklich kein Problem. Und beim Einkauf haben Sie zusätzlich den Vorteil, daß Sie viel besser als beim Fischfilet erkennen können, wie frisch der Fisch wirklich ist. Ein frischer Fisch hat klare Augen und rötliche, feste Kiemen. Das Fleisch ist fest und gibt auf Fingerdruck kaum nach. Beim Vorbereiten waschen Sie erst den ganzen Fisch gründlich von innen und von außen unter fließendem Wasser. Dann schneiden Sie mit einer Schere die Kiemen heraus und entfernen die Flossen. Jetzt salzen Sie den Fisch von innen und von außen – und schon ist er fertig zum Braten!

Pflückhecht in Kapernsahne

Für 4 Portionen:
2 Zwiebeln
1 Zitrone (unbehandelt)
Salz, 1 Lorbeerblatt
1/2 Tl Wacholderbeeren
2 El Weißweinessig
30 g Butter
1/8 l Weißwein
1 Glas Kapern (60 g)
250 g Schmand
1/4 l Schlagsahne
weißer Pfeffer (Mühle)
600 g Hechtfilet
zum Garnieren
Petersilienblätter und Zitronenscheiben

1. Eine Zwiebel halbieren, die andere sehr fein würfeln. Die Zitrone halbieren, aus einer Hälfte den Saft auspressen.

2. 2 1/2 l Wasser mit Zwiebelhälften, Salz, Lorbeer, Wacholder und Essig aufkochen, die nicht ausgepreßte Zitronenhälfte zugeben. Sud bei milder Hitze 30 Minuten ziehen lassen.

3. Inzwischen die Zwiebelwürfel in Butter glasig dünsten. Wein zugießen und bei starker Hitze völlig verdampfen lassen. Mit Kapernflüssigkeit ablöschen, auch die verdampfen lassen. Schmand und die Hälfte Sahne zugießen, offen 10 Minuten leise kochen.

4. 1/8 l Sud abnehmen und mit der restlichen Sahne in die Sauce rühren. Die Sauce in 5–7 Minuten cremig einkochen, mit Zitronensaft, Salz und Pfeffer würzen. Die Kapern unterrühren.

5. Während die Sauce einkocht, das Hechtfilet in den Sud geben. Den Topf vom Herd nehmen, den Fisch zugedeckt 7 Minuten ziehen lassen. Den Fisch abtropfen lassen, in mundgerechte Stücke zerpflücken und dabei die Gräten entfernen.

6. Die Hechtstücke auf stark vorgewärmten Tellern anrichten, mit Sauce überziehen und mit Petersilienblättchen und Zitronenscheiben anrichten.

Dazu passen Salzkartoffeln.

Zubereiten: 45 Minuten
Pro Portion
31 g E, 39 g F, 7 g KH = 541 kcal (2267 kJ)

Schleie auf Greizer Art

Für 4 Portionen:
4 Schleie
(à 350 g, vom Fischhändler küchenfertig vorbereitet)
150 ml Essig
Salz
200 g Zwiebeln
5 Sardellenfilets (in Öl)
1 Zitrone (unbehandelt)
1 Bund glatte Petersilie
125 g Butter

1. Die Fische vorsichtig innen und außen unter fließendem Wasser abspülen und nebeneinander in eine Form legen.

2. Den Essig aufkochen und über die Fische gießen. Die Fische darin 3 Minuten ziehen lassen. Den Essig abgießen. Die Fische salzen.

3. Während die Fische „blau" ziehen, die Zwiebeln pellen, in Ringe schneiden und in eine ofenfeste Form geben.

4. Die Sardellenfilets fein hacken. Die Zitrone waschen, abtrocknen, dünn schälen und den Saft auspressen.

5. Von der Petersilie 3 Stiele abnehmen und beiseite legen, den Rest auf die Zwiebeln legen und mit Sardellen bestreuen. Die Zitronenschale in die Form geben. Die Schleie vorsichtig auf das Zwiebelbett legen.

6. Butter aufkochen, mit 5 El Zitronensaft verrühren und heiß über die Schleie gießen.

7. Die Form mit Alufolie fest verschließen und im vorgeheizten Backofen auf der 2. Leiste v. o. einsetzen. Die Fische bei 200 Grad 30 Minuten garen (Gas 3, Umluft 30 Min./200 Grad).

8. Die Fische vorsichtig aus der Form heben, auf eine Servierplatte legen und im ausgeschalteten Ofen warm halten.

9. Petersilie und Zitronenschale aus der Form entfernen. Die Zwiebeln mit der Schaumkelle herausheben und auf die Fische geben.

10. Den Sud aus der Form durch ein feines Sieb in einen kleinen Topf umgießen. Blättchen von der beiseite gelegten Petersilie in den Topf geben und kurz aufkochen. Die Sauce abschmecken und zum Fisch servieren.

Zubereiten: 1 1/4 Stunden
Pro Portion
27 g E, 28 g F, 4 g KH = 393 kcal (1641 kJ)

Maischolle mit Gemüsesalat

Für 4 Portionen:
500 g kleine Kartoffeln (festkochend)
Salz
200 g Bundmöhren
150 g Kohlrabi
100 g Zuckerschoten
50 g rote Zwiebeln
100 g Frühlingszwiebeln
400 g Erbsenschoten
250 ml Öl
200 ml Gemüsefond (Glas)
5 El Essig
1 El Senf (mittelscharf)
weißer Pfeffer (Mühle)
4 Schollen (bratfertig, à 250 g)
1 kleines Bund Kerbel
1 Bund Schnittlauch

1. Kartoffeln mit der Schale in Salzwasser nicht zu weich kochen, etwas abkühlen lassen, pellen und in dünne Scheiben schneiden.

2. Möhren putzen, längs halbieren, schräg in dünne Scheiben schneiden. Kohlrabi schälen, in dünne Scheiben schneiden und vierteln. Zuckerschoten entfädeln und einmal schräg durchschneiden. Rote Zwiebeln pellen, in feine Spalten schneiden. Die Frühlingszwiebeln putzen, weiße und hellgrüne Teile in dünne Scheiben schneiden, Erbsen aus der Hülse brechen.

3. In einem breiten Topf 4 El Öl erhitzen, Möhren und Kohlrabi darin 5 Minuten andünsten. 4 El Wasser zugeben, salzen und zugedeckt 8 Minuten dünsten. Frühlingszwiebeln, Zuckerschoten und Erbsen nach 5 Minuten zugeben.

4. Gemüse mit Kartoffeln und roten Zwiebeln in eine Schüssel geben. Gemüsefond mit Essig, Senf, Salz, Pfeffer und 10 El Öl verrühren und über das Gemüse gießen.

5. Die Schollen salzen und pfeffern. In zwei großen Pfannen jeweils 5 El Öl erhitzen, die Schollen darin bei starker Hitze auf jeder Seite 3 Minuten braten, die Fische dabei zuerst auf der weißen Seite in die Pfanne legen.

6. Die Kerbelblättchen und den Schnittlauch in Röllchen unter den Salat mischen. Den Gemüsesalat mit den Schollen anrichten und servieren.

Zubereiten: 1 Stunde
Pro Portion
41 g E, 52 g F, 26 g KH = 777 kcal (3252 kJ)

Marinierter Saibling mit Portulaksalat

Für 4 Portionen:
2 El schwarze Pfefferkörner
5 Wacholderbeeren
20 g Salz
1 Tl Zucker
4 Saiblingfilets (à 100 g, mit Haut, entgrätet; ersatzweise Forellenfilets)
1 Bund Frühlingszwiebeln
4 Bund Petersilie
2 Bund Dill
1 Handvoll Kerbel
1 Bund Koriandergrün
300 ml Olivenöl
3 El Weißweinessig
100 g rote Bete
150 g Portulaksalat (ersatzweise Brunnenkresse)
2 Limetten
weißer Pfeffer (Mühle)
20 g Butter

1. 2 Tage vorher Pfefferkörner und Wacholder mit Salz und Zucker im Mörser fein zerstoßen. Die Filets mit dem Gewürzsalz einreiben.

2. Die Hälfte der Frühlingszwiebeln und alle Kräuter (bis auf 1 Bund Petersilie) fein hacken und in einer flachen Schale mischen. Die Filets darin wälzen und nebeneinanderlegen.

3. 250 ml Olivenöl mit Essig mischen und über die Filets gießen. Die Schale mit Klarsichtfolie verschließen. Die Fische im Kühlschrank 2 Tage marinieren, nach 1 Tag einmal wenden.

4. Etwa 2 Stunden vor dem Servieren die rote Bete waschen und in Salzwasser bei milder Hitze zugedeckt 40 Minuten garen, pellen und in feine Stifte schneiden.

5. Inzwischen den Portulaksalat putzen, waschen und trockenschleudern. Die restlichen Frühlingszwiebeln in dünne Scheiben schneiden. Die restliche Petersilie fein hacken.

6. Für die Vinaigrette die Limetten dick schälen, die Filets einzeln herausschneiden und dabei den Saft auffangen. Den Limettensaft gut mit dem restlichen Olivenöl, Salz, Pfeffer und 1 Prise Zucker verquirlen.

7. Portulak mit der Vinaigrette mischen. Rote Bete, Frühlingszwiebeln, Limettenfilets vorsichtig unterheben.

8. Die Fischfilets kalt abspülen und trockentupfen. Die Butter erhitzen, die Fischfilets darin 1 Minute anbraten, dabei einmal wenden und gut auf Küchenpapier abtropfen lassen.

9. Jedes Fischfilet in 3 schräge Stücke schneiden, mit dem Portulaksalat anrichten und mit Petersilie bestreuen.

Dazu Bratkartoffeln reichen.

Zubereiten: 1 Stunde
Marinieren: 2 Tage
Pro Portion
21 g E, 17 g F 5 g K = 273 kcal (1139 kJ)

Viel besser als sein Ruf

SCHWEINEFLEISCH

Letztendlich ist das Fleisch vom Schwein noch immer unser bestes Stück. Das ist auch gut so. Es ist preiswert, es schmeckt, es ist gesund. Und es lassen sich ganz wunderbare Sachen damit machen

Gefüllte Schweineschulter **

Für 6–8 Portionen:
Füllung
200 g säuerliche Äpfel (Boskop)
200 g getrocknete Aprikosen
25 g Butter
30 g Rosinen
2 cl Aprikosenbrand
Braten
1,5 kg Jungschweinschulter (vom Metzger ausgelöst, entschwartet und wie für einen Rollbraten plattiert)
Salz, Pfeffer (Mühle)
1 Tl Kümmelpulver
2 pürierte Knoblauchzehen
150 g westfälischer Knochenschinken
4 El Öl
(oder 20 g Butterschmalz)
2 El Rübensirup
1/2 l naturtrüber Apfelsaft
1/2 l Rinderfond (Glas)

1. Die Äpfel schälen, vierteln, entkernen und klein würfeln. Die Aprikosen würfeln.

2. Die Butter in einer Pfanne erhitzen. Die Äpfel, Aprikosen und Rosinen darin andünsten, mit 4 cl Aprikosenbrand ablöschen und zum Abkühlen beiseite stellen.

3. Das Fleisch auf der Arbeitsplatte ausbreiten, mit Salz, Pfeffer, Kümmel und Knoblauch würzen, mit dem Schinken belegen und die Füllung darauf verteilen.

4. Die Schulter zu einer langen Roulade aufrollen und mit Küchengarn zusammenbinden. Die Schulter rundherum mit Salz und Pfeffer würzen.

5. Öl (oder Butterschmalz) in einem länglichen Bräter erhitzen. Die gefüllte Schulter darin rundherum anbraten. Rübensirup, Apfelsaft und Rinderfond zugeben.

6. Den Bräter im vorgeheizten Backofen auf der 2. Leiste v. u. einsetzen. Die Schulter bei 200 Grad 50–60 Minuten braten (Gas 3, Umluft 1 Stunde bei 200 Grad). Den Braten zwischendurch immer wieder mit Bratfond beschöpfen.

7. Die Schulter aus dem Bräter nehmen und zugedeckt warm stellen. Den Bratfond bei starker Hitze etwas einkochen. Die klare Bratensauce salzen, pfeffern und mit etwas Kümmel abschmecken.

8. Die Schulter ohne Küchengarn in Scheiben schneiden und mit der Sauce und einem Rote-Bete-Salat servieren.

Zur gefüllten Schweineschulter passen rohe Kartoffelklöße, die mit Butterbröseln übergossen werden.

Zubereiten: 2 Stunden
Pro Portion (6 Port.)
58 g E, 43 g F, 39 g KH = 796 kcal (3244 kJ)

Perfektes Stück

Johann Lafer: Für dieses herzhafte, weil gut von Fett durchwachsene Teil vom Schwein, die Schulter nämlich, hat man in Deutschland viele Namen – was mich als Österreicher zuerst ziemlich verwirrt hat. Hier nennt man sie Bug, Blatt, Schaufel oder Schauferl, Vorderschinken oder Bügerl. Wie auch immer: Sie ist ein perfektes Stück für große Braten. In meinem Lieblingsrezept für Schweineschulter wird diese herbstlich mit Äpfeln und getrockneten Aprikosen gefüllt, zu einer großen Roulade aufgerollt und dann langsam gebraten. Und zwar in einem Fond mit Apfelsaft und Rübensirup, was dem milden Schweinefleisch guttut.

Rote-Bete-Salat **

Für 4–6 Portionen:
750 g Rote-Bete-Knollen
Salz
1 El Kümmel
50 g Butter
50 g durchwachsener Speck (gewürfelt)
50 g Schalottenwürfel
100 g Staudenselleriewürfel (mit zartem Blattgrün)
2 El Essig
75 ml Rinderfond (Glas)
Salz
Pfeffer (Mühle)
50 ml Traubenkernöl

1. Rote Bete in Salzwasser mit Kümmel etwa 1 1/2 Stunden kochen. Die Knollen herausnehmen, etwas abkühlen lassen, schälen (am besten mit Handschuhen), halbieren und in schmale Spalten schneiden.

2. Die Butter in einer Pfanne erhitzen. Speck, Schalotten und Staudensellerie (ohne die Blättchen) darin andünsten, mit Essig ablöschen, mit dem Traubenkernöl und dem Rinderfond aufgießen, salzen und pfeffern.

3. Die rote Bete mit der Sauce übergießen, gut durchheben und 15 Minuten durchziehen lassen.

4. Zum Anrichten das Blattgrün vom Staudensellerie unter den Salat heben. Den Rote-Bete-Salat zur gefüllten Schweineschulter servieren.

Zubereiten: 2 Stunden
Pro Portion (6 Port.)
3 g E, 21 g F, 9 g KH = 243 kcal (1014 kJ)

Kotelettbraten mit glasierten Frühlingszwiebeln **

Für 4–6 Portionen:
800 g Zwiebeln
1,5 kg Kotelettstrang vom Schwein (am Knochen, die Rippenknochen vom Metzger freigeschabt)
Salz
Pfeffer (Mühle)
30 g Butterschmalz
4 Zweige Thymian
600 ml Rinderbrühe
3 Bund Frühlingszwiebeln
20 g Butter
1 El Zucker
1 El frische Estragonblättchen (gehackt)

1. Die Zwiebeln pellen und halbieren. Den Kotelettstrang rundherum salzen und pfeffern.

2. Das Butterschmalz im Bräter erhitzen. Das Fleisch darin rundherum anbraten. Die Zwiebeln und die Thymianzweige zugeben und kurz rösten. Die Brühe zugießen.

3. Das Fleisch im vorgeheizten Backofen auf der 2. Leiste v. u. bei 175 Grad 40–50 Minuten braten (Gas 3, Umluft 45 Min./150 Grad).

4. Inzwischen die Frühlingszwiebeln putzen und halbieren. Dunkelgrüne Blatteile wegschneiden.

5. Die Butter in der Pfanne erhitzen. Den Zucker darin schmelzen. Die Frühlingszwiebeln darin glasieren.

6. Das Fleisch aus dem Bräter nehmen und warm stellen. Den Bratfond als Sauce auf die Zwiebeln passieren. Die Zwiebeln darin 10 Minuten garen, mit Salz, Pfeffer und Estragon würzen.

Den Braten mit Frühlingszwiebeln und Weißkohlgemüse servieren.

Zubereiten: 1 1/4 Stunden
Pro Portion (6 Port.)
45 g E, 23 g F, 2 g KH = 402 kcal (1682 kJ)

Weißkohlgemüse mit Aprikosen **

Für 4–6 Portionen:
40 g Butter
150 g Zwiebelwürfel
700 g Weißkohl (in feinen Streifen)
1/4 l Sekt
Salz
Pfeffer (Mühle)
100 g getrocknete Aprikosen (fein gewürfelt)
100 ml Rinderbrühe
Gewürzsäckchen
1 Tl Pfefferkörner
1 Lorbeerblatt
4 Gewürznelken
1/2 Tl Kümmel

1. Die Butter im Topf zerlassen. Die Zwiebeln darin anschwitzen. Den Kohl zugeben und mit Sekt ablöschen. Mit Salz und Pfeffer würzen und das Gewürzsäckchen zugeben. Die Aprikosen untermischen.

2. Den Kohl bei milder Hitze zuerst 15 Minuten offen garen. Die Brühe zugießen. Den Kohl zugedeckt in 25 Minuten weich kochen.

Den Weißkohl zum Kotelettbraten servieren (vorher das Gewürzsäckchen entfernen).

Zubereiten: 1 Stunde
Pro Portion (6 Port.)
3 g E, 6 g F, 16 g KH = 128 kcal (535 kJ)

Schweinemedaillons mit weißer Pfeffersauce **

Für 4 Portionen:
8 Schweinemedaillons (à 60–80 g)
Salz
Pfeffer (Mühle)
10 g Kümmel
30 g weiße Pfefferkörner
50 g Zwiebeln
3 El Öl
50 g Butter
1/4 l Rinderfond (Glas)
1/4 l Schlagsahne

1. Die Medaillons parieren (evtl. vorhandene Häutchen und Sehnen abschneiden), etwas plattdrücken, salzen und pfeffern.

2. Kümmel und weiße Pfefferkörner getrennt im Mörser zerstoßen. Die Zwiebeln pellen und fein würfeln.

3. Das Öl in einer Pfanne stark erhitzen. Das Fleisch darin von beiden Seiten anbraten. Die Hitze zurückschalten. Butter und Kümmel zugeben. Die Medaillons bei milder Hitze 6–8 Minuten braten, dabei ständig mit der Kümmelbutter beschöpfen. Die Medaillons aus der Pfanne nehmen und zugedeckt ruhen lassen.

4. Für die Sauce die zerstoßenen Pfefferkörner in ein Sieb geben, in kochendem Wasser kurz blanchieren und gut abtropfen lassen.

5. Zwiebeln und Pfeffer im Bratfett rösten. Den Rinderfond und die Sahne zugießen und bei starker Hitze auf die Hälfte einkochen lassen.

6. Die Sauce in eine Pfanne passieren, noch einmal mit Salz und Pfeffer abschmecken. Die Medaillons hineinlegen und erwärmen.

7. Die Medaillons mit einem Pilzragout und gedünstetem Spinat anrichten und dabei mit der weißen Pfeffersauce begießen.

Zubereiten: 50 Minuten
Pro Portion
29 g E, 40 g F, 3 g KH = 500 kcal (2079 kJ)

Pilzragout **

Für 4 Portionen:
125 g Austernpilze
125 g Champignons
2 Zwiebeln
1 Knoblauchzehe
2 El Öl
20 g Butter
Salz
Pfeffer (Mühle)
1 Zacke Sternanis
1–2 El Petersilie (grob gehackt)

1. Die Pilze putzen, möglichst nicht waschen. Die Austernpilze grob zerteilen, die Champignons in Scheiben schneiden.

2. Zwiebeln und Knoblauch pellen und fein würfeln.

3. Öl und Butter in einer Pfanne erhitzen. Die Pilze darin andünsten.

4. Zwiebeln und Knoblauch zugeben. Die Pilze salzen und pfeffern. Den Sternanis auf der Muskatreibe hineinreiben. Die Pilze bei milder Hitze 10 Minuten garen. Zum Schluß die Petersilie unterziehen.

Das Pilzragout mit den Schweinemedaillons anrichten.

Zubereiten: 30 Minuten
Pro Portion
2 g E, 9 g F, 3 g KH = 106 kcal (442 kJ)

Gedünsteter Spinat **

Für 4 Portionen (als Beilage) 600 g Blattspinat putzen, gründlich waschen, in kochendem Salzwasser mit 1 Tl Natronpulver (Kaiser-Natron, hält die Farbe) blanchieren, hinterher in Eiswasser abschrecken (stoppt den Garprozeß) und gut abtropfen lassen.
50 g gehackte Schalotten und 1 gehackte Knoblauchzehe in 30 g Butter andünsten. Den Spinat zugeben und kurz darin garen, zum Schluß mit Salz, Pfeffer und Muskat würzen.

Mohnschnitzel **

Für 4 Portionen:
50 g Mohn
90 g Semmelbrösel
2 Eier
50 g Mehl
4 Schweineschnitzel (à 150 g)
Salz, Pfeffer (Mühle)
5 El Öl
40 g Butter
2 Zitronen

1. Den Mohn in einer Moulinette kurz mahlen, in einem tiefen Teller mit den Semmelbröseln mischen. In einem zweiten Teller die Eier verrühren, in einen dritten das Mehl geben.

2. Die Schnitzel zwischen Frischhaltefolie mit einem Topfboden plattklopfen.

3. Die Schnitzel salzen, pfeffern, zuerst im Mehl wenden, überschüssiges Mehl abklopfen. Die Schnitzel dann durch die Eier ziehen und sofort in Mohnbröseln wälzen.

4. Öl und Butter in einer Pfanne erhitzen. Die Schnitzel darin bei milder Hitze von beiden Seiten jeweils 3 Minuten braten und auf Küchenpapier abtropfen lassen.

5. Die Mohnschnitzel mit Zitronenscheiben servieren. Dazu passen Bratkartoffeln (S. 65) und ein Apfel-Rotkohlsalat.

Zubereiten: 40 Minuten
Pro Portion
41 g E, 20 g F, 22 g KH = 443 kcal (1856 kJ)

Apfel-Rotkohlsalat **

Für 4 Portionen 50 g Zucker karamelisieren, mit 4–5 El Rotweinessig und 400 ml Johannisbeersaft ablöschen. 4 zerdrückte Wacholderbeeren, 1 Zimtstange, 2 El Johannisbeergelee zugeben. Sud auf 2/3 einkochen. 500 g Rotkohl in feinen Streifen zugeben, in 10-15 Minuten bißfest garen. 2 Äpfel in dünnen Streifen unterziehen, salzen und pfeffern.

Gefülltes Schweineschnitzel **

Für 4 Portionen:
4 Schweineschnitzel
(à 150–180 g, so dick wie Schmetterlingsschnitzel geschnitten)
Salz
Pfeffer (Mühle)
60 g Butter
80 g Weißbrotwürfel
(altes Brot ohne Rinde)
200 g Geflügelleber
6 El Öl
60 g feine Schalottenwürfel
1 Eigelb
2 El Majoranblätter
100 ml Weißwein
200 ml Rinderfond (Glas)

1. In die Schnitzel eine Tasche schneiden und von innen und außen mit Salz und Pfeffer würzen.

2. Für die Füllung 20 g Butter erhitzen. Die Weißbrotwürfel darin rösten, zum Abtropfen auf Küchenpapier legen.

3. Die Geflügelleber klein würfeln. 2 El Öl in einer Pfanne erhitzen. Schalotten und Leber darin kurz andünsten. Beides in einer Schüssel mit Brot und Eigelb mischen. Die Füllung herzhaft salzen und pfeffern und die Majoranblättchen (ein paar zum Dekorieren beiseite legen) untermischen.

4. Die Füllung in die Schnitzeltaschen geben. Die Taschen jetzt mit Holzspießchen verschließen.

5. In 2 Pfannen je 2 El Öl mit 10 g Butter erhitzen. Die Schnitzel darin von beiden Seiten anbraten. Pro Pfanne 50 ml Weißwein und 100 ml Rinderfond zugießen und in 5 Minuten stark einkochen lassen. Die Schnitzel sind dann rosa.

6. Die restliche Butter in kleinen Stücken in die Sauce ziehen, noch einmal salzen und pfeffern und die restlichen Majoranblättchen zugeben.

Die gefüllten Schnitzel mit der Sauce anrichten. Salzkartoffeln dazu reichen.

Zubereiten: 1 Stunde
Pro Portion
48 g E, 29 g F, 13 g KH = 516 kcal (2163 kJ

Aufregend

Johann Lafer: Die schöne klare Bratensauce, die mit den gefüllten Schweineschnitzeln gemacht wird, können Sie noch ein bißchen aufregender gestalten, wenn Sie beim Braten Schalottenviertel, etwas frischen Knoblauch und Thymianblättchen mit in die Pfanne geben. Die Schnitzel werden dann zugedeckt gegart, damit das Aroma nicht verfliegt. Anschließend nehmen Sie sie aus der Pfanne und halten sie warm, während Sie die Sauce durch ein Sieb gießen und im Topf mit 1–2 Tl Speisestärke binden. Einen schöneren Glanz bekommt die Sauce allerdings noch, wenn Sie zum Schluß etwas kalte Butter einschwenken.

Kasselerbraten mit Essigzwetschgen **

Für 4 Portionen:
1 kg Kasselerrücken (am Knochen, mild gepökelt und sanft geräuchert)
Pfeffer (Mühle)
200 g Zwiebeln
5 Knoblauchzehen
5 Wacholderbeeren
4 Thymianzweige
2 Tl Kümmel
1/2 l Rinderbrühe
Essigzwetschgen
30 g Zucker
60 ml Rotweinessig
150 ml Rotwein
2 Gewürznelken
2 Zimtstangen
500 g Zwetschgen (entkernt, oder TK-Pflaumen)
1–2 El Pflaumenmus
Salz

1. Das Fleisch rundherum pfeffern. Das Öl im Bräter erhitzen. Das Fleisch darin rundherum anbraten.

2. Zwiebeln und Knoblauch ungeschält halbieren und in den Bräter geben. Die Wacholderbeeren zerstoßen und mit Thymian und Kümmel in den Bräter geben. Die Rinderbrühe zugießen.

3. Das Fleisch im vorgeheizten Backofen auf der 2. Leiste v. u. bei 200 Grad 40–50 Minuten braten (Gas 3, Umluft 50 Min. bei 180 Grad). Das Fleisch dabei immer wieder mit dem Bratfond übergießen.

4. Inzwischen den Zucker in einer Pfanne goldbraun schmelzen lassen, mit Essig und Rotwein ablöschen. Nelken und Zimtstangen zugeben und bei milder Hitze sirupartig einkochen lassen.

5. Die Zwetschgen vierteln, in den Sirup geben und 5 Minuten mitkochen lassen. Zum Schluß zum Binden das Pflaumenmus unterrühren und mit Salz abschmecken.

6. Das Fleisch aus dem Bräter nehmen, in Alufolie einwickeln und ruhenlassen.

7. Den Fond durch ein Sieb in einen Topf umgießen und bei mittlerer Hitze auf die Hälfte einkochen.

8. Das Kasseler aufschneiden, mit der klaren Bratensauce und den Essigzwetschgen servieren.

Dazu ein Petersilienwurzel-Ragout und Bratkartoffeln mit fritierter Petersilie reichen.

Zubereiten: 1 Stunde
Pro Portion
46 g E, 43 g F, 26 g KH = 721 kcal (3019 kJ)

Petersilienwurzel-Ragout **

Für 4 Portionen:
500 g Petersilienwurzeln
1–2 El Zitronensaft
80 g Schalotten
30 g Butter
150 ml Rinderbrühe
Salz
Pfeffer (Mühle)
1 El gehackte Petersilie

1. Die Petersilienwurzeln schälen, 1 cm groß würfeln und mit Zitronensaft beträufeln. Die Schalotten pellen und vierteln.

2. Die Butter in einer Pfanne erhitzen, die Schalotten darin glasig dünsten. Die Petersilienwurzeln zugeben. Die Brühe zugießen, salzen und pfeffern.

3. Die Petersilienwurzeln bei milder Hitze zugedeckt etwa 10 Minuten garen. Zum Schluß die Petersilie unterziehen.

Das Petersilienwurzel-Ragout als Beilage zum Kasseler mit Essigzwetschgen servieren.

Zubereiten: 30 Minuten
Pro Portion
3 g E, 7 g F, 5 g KH = 91 kcal (381 kJ)

Bratkartoffeln mit fritierter Petersilie **

Für 4 Portionen:
800 g Kartoffeln (festkochend)
Salz
4 El Öl
100 g durchwachsener Speck (gewürfelt)
150 g Zwiebelwürfel
Pfeffer (Mühle)
2 El gehackte Petersilie
2–3 Zweige krause Petersilie
Öl zum Fritieren

1. Die Kartoffeln am Tag vorher ungeschält in Salzwasser knapp gar kochen, abgießen und noch warm pellen.

2. Die Kartoffeln in 4 mm dünne Scheiben schneiden.

3. Das Öl in einer großen beschichteten Pfanne erhitzen. Die Kartoffeln darin bei starker Hitze von beiden Seiten anbraten. Die Hitze herunterschalten.

4. Speck- und Zwiebelwürfel zugeben. Die Kartoffeln langsam fertig braten. Zum Schluß herzhaft salzen und pfeffern und die gehackte Petersilie unterziehen.

5. Inzwischen das Öl in einem tiefen Topf erhitzen. Die Petersilienblätter vorsichtig hineingeben, kurz fritieren, mit der Schaumkelle herausheben, auf Küchenpapier abtropfen lassen und salzen.

6. Die fritierten Petersilienblätter auf den Bratkartoffeln anrichten und zum Kasseler servieren.

Zubereiten: 50 Minuten
Am Tag vorher: 45 Minuten
Pro Portion
6 g E, 32 g F, 27 g KH = 429 kcal (1796 kJ)

Spanferkelrücken mit süß-sauren Linsen **

Für 4 Portionen:
Braten
8 Knoblauchzehen
1 Tl Kümmelkörner
Salz
1,2 kg Spanferkelrücken
30 g Butterschmalz
1 Thymianzweig
1 Rosmarinzweig
300 ml Rinderbrühe
2 El grobkörniger Senf
1–2 El Semmelbrösel
20 g Butter
Linsen
30 g Butter
80 g Schalottenwürfel
300 g grüne Puy-Linsen
1 Rosmarinzweig
3/4 l Rinderbrühe (Glas)
1 Kartoffel
30 ml Balsamessig
80 g durchwachsener Speck
1 Bund glatte Petersilie

1. Den Knoblauch schälen. Kümmel und Salz im Mörser zerstoßen. 4 Zehen halbieren, zugeben und auch zerstoßen. Den Fettmantel auf dem Spanferkelrücken mit einem scharfen Messer in Rauten schneiden und großzügig mit der Würzpaste einreiben.

2. Butterschmalz im Bräter erhitzen. Rücken mit der gewürzten Seite zuerst darin anbraten. Dabei Thymian, Rosmarin und den restlichen Knoblauch mitbraten. Das Fleisch umdrehen, weiter anbraten. Die Rinderbrühe zugießen.

3. Den Bräter im vorgeheizten Backofen auf die 2. Leiste v. u. setzen. Das Fleisch bei 200 Grad 20 Minuten braten (Gas 3, Umluft 20 Min./180 Grad).

4. Inzwischen für die Linsen die Butter in einem breiten Topf zerlassen. Die Schalottenwürfel darin glasig dünsten. Die Linsen kurz waschen, abgetropft zugeben und kurz mitdünsten. Den Rosmarin zugeben.

5. Die Brühe nach und nach zugießen und dabei immer wieder fast einkochen lassen (wie bei Risotto). Nach etwa 30 Minuten die Kartoffel zum Binden in die Linsen reiben. Die Linsen mit Essig würzen.

6. Während die Linsen garen, den Speck würfeln, in einer Pfanne knusprig ausbraten. Die Petersilie grob schneiden und unterrühren.

7. Die Bratenkruste nach der Bratzeit mit Senf bestreichen, mit Semmelbröseln bestreuen, mit Butterflöckchen belegen und 5 Minuten unter dem vorgeheizten Grill gratinieren.

8. Den Braten in Scheiben schneiden, auf den Linsen anrichten und mit den Speckwürfeln bestreuen.

Zubereiten: 1 Stunde
Pro Portion
74 g E, 54 g F, 47 g KH = 995 kcal = 4164

Veränderungen

***»e&t«:** Wenn Sie keinen Spanferkelrücken bekommen, können Sie auch einen Rücken vom Jungschwein nehmen. Dann verlängert sich die Bratzeit um 10 Minuten. Deshalb müssen Sie das Fleisch auch ohne die Würzpaste anbraten. Damit sie nicht verbrennt, wird sie erst aufgestrichen, bevor Sie das Fleisch in den Ofen schieben. Auch bei den Linsen ergibt sich eine Veränderung, falls Sie die kleinen französischen Puy-Linsen nicht bekommen, die schon geschält sind. Bei den normalen Tellerlinsen erhöht sich die Garzeit auf 1 1/2 Stunden, in denen sie zugedeckt gegart werden.*

Rote Zipfel im Kräutersud

Für 4 Portionen:
600 g neue Kartoffeln (am besten Bamberger Hörnchen)
Salz
250 g rote Zwiebeln
600 ml fränkischer Rotwein
400 ml Gemüsefond (Glas)
3 El Rotweinessig
3 Lorbeerblätter
3 Wacholderbeeren
15 schwarze Pfefferkörner
2 Knoblauchzehen (in Scheiben)
3 Tl mittelscharfer Senf
2 Tl Zucker
12 frische Nürnberger Rostbratwürste
1 Bund Petersilie
3 Zweige Majoran
1 Bund Schnittlauch

1. Die Kartoffeln ungepellt in Salzwasser garen. Inzwischen die Zwiebeln pellen, längs halbieren und in 1 cm dicke Spalten schneiden.

2. Für den Sud Rotwein, Gemüsefond und Essig in einen Topf gießen. Zwiebeln, Lorbeer, zerdrückten Wacholder, zerdrückte Pfefferkörner, Knoblauch, Senf, Zucker und Salz zugeben und bei mittlerer Hitze etwa 10 Minuten offen kochen lassen.

3. Die Würste hineingeben. Den Sud einmal kurz aufkochen. Den Topf zudecken und vom Herd nehmen. Die Würste im Sud in etwa 7 Minuten gar ziehen lassen, dabei einmal wenden.

4. Inzwischen die Kartoffeln pellen. Petersilie und Majoran (bis auf einige Blättchen für die Dekoration) fein hacken. Schnittlauch in feine Röllchen schneiden. Die Kräuter zum Schluß in den Sud geben.

5. Die Würste mit dem Sud auf vorgewärmten Tellern verteilen. Die Kartoffeln hineinlegen, mit den restlichen Kräutern garnieren und heiß servieren.

Dazu passen Rettichbrote.

Zubereiten: 45 Minuten
Pro Portion
16 g E, 15 g F, 36 g KH = 375 kcal (1455 kJ)

Rettichbrot

Für 4 Portionen 1 kleinen scharfen Rettich raspeln, salzen und mit 1–2 El feingehackter Petersilie mischen. 4 Scheiben kräftiges Vollkornbrot dick mit Butter bestreichen und den Rettich darauf verteilen.

Frikadellen in Steinpilzsauce

Für 36 Stück:
75 g getrocknete Steinpilze
3 altbackene Brötchen
1 Zwiebel
1 kg gemischtes Hack
500 g feines Schweinemett
6 Eier
schwarzer Pfeffer (Mühle), Salz
Muskatnuß (frisch gerieben)
1 Salatgurke (750 g)
100 g Schalotten
50 g Butterschmalz
1/4 l Rotwein
600 g Crème fraîche
3 Bund Dill

1. Steinpilze in 1/4 l lauwarmem Wasser einweichen. Brötchen ohne Kruste in kaltem Wasser einweichen. Zwiebel pellen und fein würfeln.

2. Aus Hack, Mett, Eiern, Zwiebeln und ausgedrückten Brötchen einen Teig kneten, herzhaft mit Salz und Pfeffer, vorsichtig mit Muskat würzen. Aus dem Teig 36 kleine Frikadellen formen.

3. Gurke schälen, halbieren, entkernen, klein würfeln und salzen. Schalotten pellen und fein hacken.

4. In zwei Pfannen je 20 g Butterschmalz erhitzen. Die Frikadellen bei milder Hitze in 8–10 Minuten nacheinander anbraten und herausnehmen.

5. Schalotten im Bratfett bräunen. Steinpilze mit Einweichwasser und Rotwein zugeben, zugedeckt bei milder Hitze 10–12 Minuten schmoren. Crème fraîche zugeben und bei milder Hitze in 10 Minuten einkochen lassen. Die Sauce salzen und pfeffern.

6. Gurken im Durchschlag abtropfen lassen, im restlichen Butterschmalz glasig dünsten. Dill hacken.

7. Ein Drittel Gurken in einen Schmortopf geben, mit der Hälfte des Dills bestreuen. 12 Frikadellen darauflegen und mit 1/3 Steinpilzsauce begießen. Den Vorgang noch zweimal wiederholen. Die letzte Schicht muß mit Sauce bedeckt ein.

8. Den geschlossenen Topf im vorgeheizten Backofen auf der 2. Leiste v. u. einsetzen. Die Frikadellen bei 225 Grad 15 Minuten erhitzen (Gas 4, Umluft 20 Min./200 Grad).

Dazu passen Kümmelkartoffeln.

Zubereiten: 2 Stunden
Pro Stück
10 g E, 20 g F, 4 g KH = 251 kcal (1050 kJ)

Bratwurstbrot **

Für 6–8 Portionen:
Brotteig
150 ml Milch
20 g Zucker
20 g Hefe
125 g Mehl (Type 405)
125 g Roggenmehl
1 Eigelb (Gew.-Kl. 2)
80 g Haselnüsse (gemahlen)
1 Tl Salz
30 g Butter (zimmerwarm)
Mehl zum Bearbeiten
Füllung
3 El Öl
16 Nürnberger Rostbratwürste (450 g)
1 Tl Paprikapulver (rosenscharf)
100 g durchwachsener Speck (gewürfelt)
300 g Sauerkraut
Salz
5 g Kümmel (zerstoßen)
2–3 frische Chilischoten (gehackt)
3 El Crème fraîche
außerdem
250 g Zwiebelringe
1 El Mehl
150 ml Öl
Butter und Mehl für die Form

1. Die Milch mit dem Zucker in einem Topf erwärmen. Die zerbröselte Hefe darin auflösen.

2. Hefemilch in eine Schüssel geben. Die anderen Teigzutaten (bis auf die Butter) zugeben. Alles gut miteinander verkneten. Zuletzt die Butter unterarbeiten. Den Teig zugedeckt an einem warmen Ort etwa 1 Stunde gehen lassen.

3. Inzwischen in einer Pfanne das Öl erhitzen. Die Bratwürste mit Paprikapulver bestäuben, im Öl rundherum anbraten, herausnehmen und auf Küchenpapier abtropfen lassen.

4. Die Speckwürfel im Bratfett auslassen. Das Sauerkraut gründlich ausdrücken, etwas zerpflücken und kurz mitdünsten. Mit Salz, Kümmel und Chili würzen und die Crème fraîche unterziehen.

5. Die Zwiebelringe mit Mehl bestäuben. Das Öl in einer Pfanne erhitzen. Die Zwiebelringe darin goldbraun rösten, aus der Pfanne nehmen und auf Küchenpapier abtropfen lassen.

6. Den Teig auf der bemehlten Arbeitsfläche noch einmal gut durchkneten und auf die Größe einer Kastenform (30 cm Länge) ausrollen.

7. Die Kastenform ausbuttern und mit Mehl ausstreuen. Die Form mit dem Teig auslegen, er muß an einem langen Seitenrand überlappen.

8. Zuerst eine Schicht Sauerkraut auf den Teig geben, 8 Bratwürste daraufgeben, die Hälfte der Zwiebeln daraufgeben. Dann wieder Sauerkraut, Würste, Zwiebeln und zum Schluß noch einmal Sauerkraut daraufgeben. Von einer Seite her den Teig über die Füllung klappen, festdrücken und mit Wasser bepinseln.

9. Ein Muster in den Teig einritzen, damit der Dampf entweichen kann. Den Teig mit Mehl bestäuben und noch einmal 15 Minuten zugedeckt gehen lassen.

10. Eine Tasse mit Wasser auf den Boden des vorgeheizten Backofens setzen. Das Brot auf der 2. Leiste v. u. bei 200 Grad 50 Minuten backen (Gas 3, Umluft 45 Min./180 Grad).

11. Das Brot aus dem Ofen nehmen und zum Auskühlen sofort aus der Form stürzen.

12. Das Brot nach 30 Minuten in 2 cm dicke Scheiben schneiden und lauwarm servieren.

Dazu paßt ein herzhafter Feldsalat mit einer Kartoffel-Koriander-Sauce.

Zubereiten: 1 1/2 Stunden
Pro Portion (8 Port.)
16 g E, 60 g F, 31 g KH = 760 kcal (3179 kJ)

Feldsalat mit Kartoffel-Koriander-Sauce **

Für 6–8 Portionen:
2 mittelgroße Kartoffeln
3 El Korianderkörner
200 g Feldsalat
100 g durchwachsener Speck
3 El Weißweinessig
200 ml Rinderbrühe
Salz, Pfeffer (Mühle)
8 El Traubenkernöl

1. Die Kartoffeln in Salzwasser als Pellkartoffeln kochen, abgießen und kalt werden lassen.

2. In einer Pfanne die Korianderkörner ohne Fett rösten, zum Auskühlen beiseite stellen.

3. Den Feldsalat in stehendem Wasser gründlich waschen, dabei verlesen und putzen. Den Salat gründlich abtropfen lassen oder im Handtuch trockenschleudern.

4. Den Speck klein würfeln, in einer Pfanne knusprig ausbraten, mit Weißweinessig und Rinderbrühe ablöschen, salzen und pfeffern. 4 El Traubenkernöl zugeben. Die Kartoffeln pellen und zum Binden hineinreiben.

5. Den gerösteten Koriander im Mörser zerstoßen und in die Sauce geben. Die Sauce noch einmal mit Salz und Pfeffer abschmecken. Den Feldsalat vorsichtig unterheben und zum Bratwurstbrot servieren.

Zubereiten: 50 Minuten
Pro Portion (8 Port.)
2 g E, 18 g F, 3 g KH = 192 kcal (801 kJ)

Zart und saftig, kräftig und gediegen

RIND- UND KALBFLEISCH

Rheinischer Sauerbraten, bayerisches Tellerfleisch und westfälischer Pfeffer-Potthast und: zarte, saftige und kräftige Beweisstücke für den hohen Standard der Hausmannskost von heute

Gekochte Kalbsschulter **

Für 4–6 Portionen:
1,5 kg Kalbsschulter
Salz, Pfeffer (Mühle), 4 El Öl
1 Bund Suppengemüse (grob gewürfelt)
2 Zwiebeln
1 El weiße Pfefferkörner
3 Zweige Thymian
700 g Tomaten
1 Bund glatte Petersilie
1 Bund Kerbel
2 Lorbeerblätter
750 ml Weißwein
1 l Kalbsfond (Glas)
50 g Butter
50 g Mehl
200 g TK-Erbsen
1 El geschlagene Sahne

1. Das Fleisch mit Salz und Pfeffer würzen. Das Öl in einem Bräter erhitzen. Das Fleisch darin rundherum anbraten.

2. Suppengemüse, halbierte Zwiebeln, Pfefferkörner und die Thymianzweige zugeben und kurz mitrösten.

3. Inzwischen 500 g Tomaten grob würfeln, mit je 1/2 Bund Petersilie und Kerbel und dem Lorbeer zum Fleisch geben. Weißwein und Kalbsfond zugießen und salzen. Das Fleisch bei milder Hitze 1 1/4 Stunden leise offen kochen lassen; es muß ganz mit Flüssigkeit bedeckt sein.

4. Inzwischen die restlichen Tomaten brühen, pellen, entkernen und würfeln. Restliche Petersilie und Kerbel fein hacken.

5. Das Fleisch aus dem Topf nehmen und fest in Alufolie einwickeln. Den Fond in einen Topf passieren.

6. Die Butter in einem Topf zerlassen, das Mehl darin anschwitzen, mit 3/4 l passiertem Kalbsfond auffüllen und 5 Minuten kochen lassen.

7. Tomatenwürfel, Erbsen und die gehackten Kräuter in der Sauce einmal aufkochen lassen. Eventuell noch 1 El geschlagene Sahne unterrühren. Die Sauce mit Salz und Pfeffer würzen.

8. Das Fleisch in Scheiben schneiden und mit der Sauce anrichten.

Mit Steinpilz-Nudeln und Salat servieren.

Zubereiten: knapp 2 Stunden
Pro Portion (6 Port.)
58 g E, 23 g F, 18 g KH = 537 kcal (2243 kJ)

Steinpilz-Nudeln **

Für 4–6 Portionen:
200 g Hartweizengrieß
30 g getrocknete Steinpilze
250 g Mehl (Type 405)
12 Eigelb, 3 El Öl, Salz
Mehl zum Bearbeiten
30 g Butter
40 g feine Schalottenwürfel
Pfeffer (Mühle)
1 El grob gehackte Petersilie

1. Hartweizengrieß und Steinpilze in der Moulinette fein mahlen.

2. Das Mehl mit der Steinpilzmischung, Eigelb, Öl, 3 El Wasser und 1 Prise Salz zu einem glatten Teig verarbeiten (Knethaken vom Handrührer). Den Teig zugedeckt 1 Stunde im Kühlschrank ruhenlassen.

3. Den Teig noch einmal durchkneten, auf der bemehlten Arbeitsfläche dünn ausrollen und mit der Nudelmaschine Bandnudeln daraus schneiden.

4. In einem großen Topf Salzwasser aufkochen. Die Nudeln darin in 3 Minuten bißfest garen, in ein Sieb schütten, kalt abschrecken und kurz beiseite stellen.

5. Die Butter in einer Pfanne schmelzen, die Schalotten darin glasig dünsten. Die Nudeln untermischen und erwärmen, salzen, pfeffern und die Petersilie unterheben.

Die Steinpilz-Nudeln zur Kalbsschulter servieren.

Zubereiten: 1 Stunde
Kühlen: 1 Stunde
Pro Portion (6 Port.)
18 g E, 26 g F, 58 g KH = 557 kcal (2327 kJ)

Gefüllte Kalbshaxe mit Biersauce

Für 6 Portionen:
200 g Porree
1 El Senfkörner
50 g Emmentaler (geraspelt)
1 Kalbshaxe (2,5 kg, vom Schlachter entbeint)
Salz
weißer Pfeffer (Mühle)
7 El Öl
600 g Suppengrün (gewürfelt)
250 g Zwiebeln (gewürfelt)
1 gestrichener El Kümmel
400 ml Kalbsfond (Glas)
200 ml Altbier
150 ml Steinpilzfond (Glas)

1. Vom Porree nur die weißen und hellgrünen Teile putzen, fein würfeln, mit Senfkörnern und Käse mischen.

2. Die Haxe mit der Hautseite nach unten auf der Arbeitsfläche ausbreiten, die Porreemischung in die Mitte geben. Die Haxe aufrollen, mit Küchengarn zubinden, salzen und pfeffern.

3. Die Haxe in einem Bräter in sehr heißem Öl bei starker Hitze rundum anbraten. Suppengrün, Zwiebeln, Kümmel und Kalbsfond zugeben.

4. Die Haxe im vorgeheizten Backofen auf der 1. Leiste v. u. bei 200 Grad 2 1/2 Stunden braten (Gas 3, keine Umluft). Nach 70 Minuten das Bier zugießen.

5. Die Kalbshaxe aus dem Bräter nehmen, im ausgeschalteten Backofen ruhenlassen.

6. Den Steinpilzfond in den Bratfond gießen, alles mit dem Schneidstab fein pürieren. Die Sauce durch ein feines Sieb in einen Topf umgießen, dabei die Rückstände im Sieb gut ausdrücken. Die Sauce etwas einkochen lassen, mit Salz und Pfeffer abschmecken.

7. Die Kalbshaxe ohne Garn in Scheiben schneiden und mit der Sauce auf vorgewärmten Tellern anrichten.

Dazu passen Steinpilznocken.

Zubereiten: 3 1/2 Stunden
Pro Portion
71 g E, 35 g F, 28 g KH = 709 kcal (2964 kJ)

Steinpilznocken

Für 6 Portionen 20 g getrocknete Steinpilze mit 150 ml Wasser bei milder Hitze 10 Minuten kochen, abgießen. Abgetropfte Pilze und 1 Bund Petersilie fein hacken. 1/2 l Milch mit 40 g Butter aufkochen, vom Herd nehmen. 200 g Hartweizengrieß einrieseln lassen. 2 Eier unterrühren. Pilze und Petersilie untermischen, salzen und pfeffern. Teig 1 Stunde kalt stellen. Salzwasser aufkochen. Mit 2 nassen Eßlöffeln 18 Nocken aus dem Teig abstechen, bei milder Hitze im Wasser in 15 Minuten gar ziehen lassen, mit einer Schaumkelle aus dem Wasser heben, gut abtropfen lassen und zur Kalbshaxe servieren.

Kalbsbraten mit Stachelbeersauce

Für 6 Portionen:
1,5 kg Kalbsschulter (ohne Knochen)
Salz, Pfeffer (Mühle)
30 g Butterschmalz
250 g Kalbsknochen (gespalten)
3/4 l Kalbsfond (Glas)
250 g Schalotten
250 g unreife Stachelbeeren
30–40 g Zucker
1/2 Tl Zimtpulver
1/8 l Schlagsahne
10 g Mehl, 10 g Butter

1. Das Fett an der Kalbsschulter über Kreuz einritzen. Das Fleisch salzen und pfeffern.

2. Butterschmalz im Bräter erhitzen. Knochen und Fleisch anbraten und mit wenig Kalbsfond ablöschen.

3. Das Fleisch 1 1/2 Stunden schmoren. Dabei nach und nach 600 ml Kalbsfond zugießen und immer wieder einkochen lassen. Das Fleisch beim Schmoren ein paarmal wenden.

4. Inzwischen die Schalotten pellen und die Stachelbeeren putzen und kurz waschen.

5. Nach 1 1/4 Stunden die Knochen aus dem Bräter nehmen. Die Schalotten im Schmorfond wenden, salzen und pfeffern.

6. Das Fleisch aus dem Bräter nehmen, in Alufolie wickeln und warm halten.

7. Den restlichen Kalbsfond in den Bräter gießen, die Röststoffe an der Bräterwand mit einem Pinsel lösen. Die Stachelbeeren hineingeben und mit 30 g Zucker bestreuen, 5–7 Minuten dünsten, mit Zimt und Pfeffer würzen, mit Zucker abschmecken.

8. Stachelbeeren und Schalotten aus dem Bräter nehmen. Die Sahne zugießen und aufkochen. Mehl und weiche Butter verkneten, in Flöckchen unter den Fond schlagen und dabei kräftig aufkochen. Die Sauce durch ein feines Sieb gießen und noch einmal abschmecken.

9. Den Kalbsbraten dünn aufschneiden. Den Braten mit Stachelbeeren und Schalotten anrichten. Die Sauce getrennt servieren.

Thüringer Klöße dazu reichen.

Zubereiten: knapp 2 Stunden
Pro Portion
41 g E, 19 g F, 14 g KH = 416 kcal (1740 kJ)

Kalbsfilet im Blätterteig **

Für 6–8 Portionen:
800 g Kalbsfilet
Salz, Pfeffer (Mühle)
3 El Öl
200 g Hähnchenbrust
Blätter von
1/2 Mangoldstaude
500 g TK-Blätterteig
150 ml Schlagsahne
30 g Steinpilzmehl
2 El geschlagene Sahne
je 1 El feine Möhren-, Porree- und Selleriewürfel
Mehl zum Bearbeiten
2 Eigelb

1. Das Fleisch salzen und pfeffern. Das Öl in einer Pfanne erhitzen, das Fleisch darin rundherum anbraten, herausnehmen und zum Abkühlen beiseite legen.

2. Für die Farce die Hähnchenbrust klein würfeln und 5 Minuten ins Eisfach legen.

3. Inzwischen die Mangoldblätter in kochendem Salzwasser blanchieren, herausheben und auf Küchenpapier abtropfen lassen.

4. Die Blätterteigplatten zum Auftauen nebeneinander ausbreiten.

5. Die Hähnchenbrust mit 2 Eiswürfeln in der flüssigen Sahne pürieren (Pürierstab). Das Steinpilzmehl unterziehen. Das Püree salzen und pfeffern und in einer Schüssel mit der geschlagenen Sahne mischen. Das feingewürfelte Gemüse unterarbeiten.

6. Den Blätterteig auf der bemehlten Arbeitsfläche etwas breiter als das Filet ausrollen. Die abgetropften Mangoldblätter darauflegen und 1/2 cm dick mit der Farce bestreichen. Das Filet darauflegen. Die Teigränder mit verquirltem Eigelb bestreichen, den Teig überschlagen und die Seiten gut festdrücken.

7. Den restlichen Teig abschneiden und mit dem Plätzchenausstecher Ornamente daraus ausstechen.

8. Das Paket mit verquirltem Eigelb bestreichen, die Ornamente darauf festkleben.

9. Das Backblech mit Backpapier auslegen. Das Paket daraufsetzen. Das Filet im vorgeheizten Ofen auf der 2. Leiste v. u. bei 220 Grad 30 Minuten backen (Gas 3, Umluft 15–20 Min./200 Grad), dabei eventuell in den letzten 5 Minuten mit Alufolie abdecken.

10. Das Filet aus dem Ofen nehmen, 10 Minuten ruhen lassen, in Scheiben schneiden und servieren.

Mangoldgemüse dazu servieren.

Zubereiten: 1 1/4 Stunden
Pro Portion (8 Port.)
33 g E, 32 g F, 28 g KH = 540 kcal (2271 kJ)

Mangoldgemüse **

Für 6–8 Portionen:
1 kleine Mangoldstaude
3 El Öl
10 g Butter
30 g Schalottenwürfel
1 Tl Knoblauchwürfel
1 El Mehl
100 ml Brühe
50 ml Weißwein
Salz
Pfeffer (Mühle)
etwas Zitronensaft

1. Den Mangold putzen und waschen. Stiele und Blätter trennen und getrennt in feine Streifen schneiden.

2. Das Öl mit der Butter in der Pfanne erhitzen, Schalotten, Knoblauch und die Mangoldstiele darin andünsten und mit Mehl bestäuben. Die Brühe und den Wein zugießen.

3. Die Mangoldstiele 5 Minuten kochen, mit Salz, Pfeffer und etwas Zitronensaft würzen. Dann erst die Mangoldblätter unterziehen und 2 Minuten mitgaren.

Das Mangoldgemüse zum Kalbsfilet im Blätterteig reichen.

Zubereiten: 30 Minuten
Pro Portion (8 Port.)
1 g E, 8 g F, 4 KH = 95 kcal (399 kJ)

Filet-Sauerbraten mit Rosinensauce

Für 4–6 Portionen:
1/2 l kräftiger Rotwein
400 ml Kalbsfond (Glas)
1/8 l Rotweinessig
3 Lorbeerblätter
1 El Senfkörner
1/2 El schwarze Pfefferkörner
3 El Zucker
Salz
2 rote Zwiebeln
300 g Möhren
250 g Sellerieknolle
750 g Porree
800 g Rinderfilet (aus der Mitte)
30 g Rosinen
70 g Butter
20 g Butterschmalz
Pfeffer (Mühle)
1 Tl dunkles Saucenbindemittel

1. Am Tag vorher Rotwein, 300 ml Kalbsfond und den Essig mit Lorbeer, Senf- und Pfefferkörnern, 2 El Zucker und 1 Prise Salz aufkochen.

2. Zwiebeln und jeweils die Hälfte Möhren, Sellerie und Porree putzen, grob zerteilen und zugeben. Marinade 10 Minuten bei milder Hitze kochen und abkühlen lassen.

3. Filet und Marinade in einen großen Gefrierbeutel geben, verschließen und über Nacht kalt stellen.

4. Am nächsten Tag das Fleisch herausnehmen, die Gewürze abstreifen. Die Marinade in einem Topf 15 Minuten offen kochen, durch ein feines Sieb gießen und die Rosinen unterrühren. Die Marinade in weiteren 15 Minuten auf 3/8 l einkochen.

5. Inzwischen 40 g Butter in Stückchen schneiden und ins Gefrierfach stellen. Das restliche Suppengemüse putzen und in feine Streifen schneiden.

6. Das Fleisch trockentupfen und in einer Pfanne im heißen Butterschmalz rundum scharf anbraten, mit Salz und Pfeffer würzen.

7. 1/8 l heiße Marinade zugießen und das Fleisch 20 Minuten ohne Deckel dünsten, dabei häufig wenden. Das Fleisch abtropfen lassen, in einen kleinen Bräter geben und im vorgeheizten Backofen auf der 2. Leiste v. o. bei 175 Grad 8–10 Minuten weitergaren (Gas 2, Umluft 160 Grad).

8. Inzwischen die Gemüsestreifen in der restlichen Butter andünsten. Den restlichen Kalbsfond zugießen. Das Gemüse 5 Minuten garen, dann erst mit Salz und 1 Prise Zucker würzen.

9. Die restliche Marinade in die Pfanne geben und mit dem Saucenbindemittel aufkochen. Die gekühlte Butter nach und nach unterschlagen. Die Sauce mit Salz, Pfeffer, eventuell noch etwas Zucker und Essig kräftig abschmecken.

10. Das Fleisch aufschneiden und mit der Sauce überziehen, die Gemüsestreifen daneben anrichten.

Dazu passen die kleinen Knödel von Seite 111.

Zubereiten: 1 1/2 Stunden
Marinieren: über Nacht
Pro Portion (6 Port.)
31 g E, 19 g F, 15 g KH = 362 kcal (1514 kJ)

Originell

»e&t«: Für viele ist der geschmorte Sauerbraten das originellste, wenn nicht das beste Bratenrezept der deutschen Küche. Mürber, saftiger und aromatischer als in unserer neuen Version bekommen Sie diesen Braten nirgends. Das Besondere: feines Fleisch, kurze Marinier- und Schmorzeiten, guter Wein und edle Würze. Wenn man bedenkt, daß das mit dem Sauerbraten vor Hunderten von Jahren im Rheinischen mit altem Pferdefleisch und saurem Wein angefangen hat, dann können wir über die Segnungen der neuen frischen Regionalküche eigentlich gar nicht froh genug sein.

Rinderfilet mit Traubensauce **

Für 4 Portionen:
800 g Rinderfilet (aus dem Mittelstück)
Salz, Pfeffer (Mühle)
4 El Pflanzenöl
(oder 30 g Butterschmalz)
1 Zweig Rosmarin
1 Zweig Thymian
1 El weiße Pfefferkörner
Sauce
200 g kernlose weiße Trauben
100 g rote Zwiebeln
50 g Schalotten
1/2 Bund glatte Petersilie
100 g Butter
2 ml Weißweinessig
300 ml Weißwein
(halbtrockene Spätlese)
Salz, Pfeffer (Mühle)

1. Das Filet rundherum mit Salz und Pfeffer würzen.

2. Öl (oder Butterschmalz) in einer Pfanne stark erhitzen. Das Filet darin rundherum anbraten. Dabei Rosmarin, Thymian und Pfefferkörner kurz mitbraten.

3. Einen Bräter auf dem Boden mit Alufolie auslegen. Fleisch, Kräuter und Pfefferkörner darauf geben.

4. Den Bräter im vorgeheizten Backofen auf der 2. Leiste v. u. einsetzen. Das Fleisch bei 220 Grad 15–20 Minuten braten (Gas 3–4, Umluft 20 Min./200 Grad).

5. Inzwischen für die Sauce die Trauben waschen und schälen. Die roten Zwiebeln pellen und in dünne Streifen schneiden. Die Schalotten pellen und fein würfeln. Die Petersilie grob hacken.

6. 30 g Butter in einer Sauteuse erhitzen. Die Schalotten darin andünsten, mit Essig und Weißwein ablöschen, in 5 Minuten bei milder Hitze etwas einkochen, durch ein Sieb in einen anderen Topf schütten. Unter Rühren 40 g kalte Butter in kleinen Stükken einschwenken.

7. Parallel dazu in einer 2. Pfanne die restliche Butter zerlassen, die roten Zwiebeln darin anbraten. Die Weißweinsauce zugießen. Die Zwiebeln bei mittlerer Hitze 5–8 Minuten garen, bis sie weich sind. Zum Schluß die Trauben und die Petersilie zugeben, mit Salz und Pfeffer würzen.

8. Das Filet aus dem Ofen nehmen, in Alufolie einwickeln und 10 Minuten ruhen lassen.

9. Das Filet aufschneiden. Den ausgetretenen Fleischsaft in die Sauce rühren. Das Fleisch auf der Sauce anrichten und noch einmal mit der Pfeffermühle darübermahlen.

Dazu paßt Bauernbrot.

Zubereiten: 1 Stunde
Pro Portion
44 g E, 39 g F, 12 g KH = 583 kcal (2438 kJ)

Starker Trick

Johann Lafer: Ich lege den Bräterboden mit Alufolie aus, weil so die Hitze etwas gedämpft wird und Fleisch gleichmäßiger garen kann, denn es ist der enormen Bodenhitze nicht mehr so stark ausgesetzt. Versuchen Sie es auch mal, Sie werden sehen, daß das Fleisch gleichmäßig rosa wird und keine graue Unterkante bekommt wie sonst. Das kräftige Aroma vom Filet, das mit Kräutern und Pfeffer gebraten wird, paßt wunderbar zu der fruchtigen Sauce, deren Basis eine klassische Reduktion ist, die mit Butter gebunden wird, bevor Zwiebeln und Weintrauben darin garen.

Rotweingulasch mit Pumpernickel **

Für 6–8 Portionen:
1,5 kg Rindfleisch (aus der Keule)
1–2 Bund Suppengemüse (grob geschnitten)
2 Zweige Rosmarin
1 El Wacholderbeeren
5 Lorbeerblätter
1 El weiße Pfefferkörner
2 Flaschen Spätburgunder (à 0,7 l)
außerdem
800 g Zwiebeln
Salz, Pfeffer (Mühle)
4 El Öl
1 Gewürzsäckchen (3 Zweige Rosmarin, 2 Lorbeerblätter, 10 Wacholderbeeren, 1 Tl Pfefferkörner)
150 g Pumpernickel
100 ml Rotwein
2 El Honig
1–2 El Rübensaft
1 Tl gehackte Rosmarinnadeln

1. Das Fleisch in ein passend großes Gefäß legen. Suppengemüse, Rosmarin, Wacholder, Lorbeer und Pfefferkörner zugeben, mit soviel Rotwein auffüllen, daß alles gut bedeckt ist. Das Fleisch mindestens 24 Stunden marinieren.

2. Am nächsten Tag die Zwiebeln in Streifen schneiden.

3. Das Fleisch aus der Marinade nehmen, gut abtropfen lassen, in gulaschgroße Würfel schneiden, salzen und pfeffern. Die Marinade durch ein Sieb in ein anderes Gefäß umgießen.

4. Das Öl in einem Bräter erhitzen. Das Fleisch darin scharf anbraten. Die Zwiebeln zugeben, bräunen und mit etwas Marinade ablöschen. Das Gewürzsäckchen zugeben.

5. Das Fleisch bei milder Hitze 1 Stunde zugedeckt schmoren. Dabei immer wieder etwas Marinade zugießen, wenn die Schmorflüssigkeit fast eingekocht ist.

6. Inzwischen den Pumpernickel in der Küchenmaschine zerbröseln, mit Rotwein und Honig in einem Topf einkochen lassen.

7. Nach 1 Stunde Schmorzeit die Pumpernickelsauce ins Gulasch rühren, das Gewürzsäckchen entfernen. Das Gulasch ohne Deckel weitere 45 Minuten garen.

8. Das Gulasch mit Rübensaft, Salz und Pfeffer abschmecken und vor dem Servieren mit den Rosmarinnadeln bestreuen.

Maronen-Buchteln dazu reichen.

Zubereiten: 2 1/2 Stunden
Marinieren: 24 Stunden
Pro Portion (8 Port.).
44 g E, 11 g F, 24 g KH = 376 kcal (1571 kJ)

Maronen-Buchteln **

Für 6–8 Portionen:
250 g geschälte Maronen (vakuumiert)
200 ml Schlagsahne
Salz
Pfeffer (Mühle)
100 ml Milch
25 g Zucker
20 g Hefe
350 g Mehl
2 Eier (Gew.-Kl. 2)
75 g Butter (handwarm)
Mehl zum Bearbeiten
Fett für die Form
1 Eigelb

1. Die Maronen in einem Topf in der Sahne weich kochen, dabei die Sahne stark einkochen lassen. Die Maronen mit dem Kartoffelstampfer in der Sahne grob zerstampfen, salzen, pfeffern und auskühlen lassen.

2. In einem Topf 4 El Milch erwärmen, Zucker und die zerbröckelte Hefe darin auflösen.

3. Das Mehl in einer Schüssel mit Eiern, 80 ml Milch, 1 Messerspitze Salz und der Hefemilch verrühren. Die Butter und das Maronenpüree unterarbeiten. Alles zu einem glatten Teig verkneten, zudecken und an einem warmen Ort 30 Minuten gehen lassen.

4. Den Teig auf der bemehlten Arbeitsfläche mit bemehlten Händen einmal kräftig durchkneten, 2 cm dick ausrollen und in 4 cm lange Streifen schneiden. Die Teigstreifen wurstähnlich rollen. Die Rollen in 3 cm große Stück schneiden und Kugeln daraus formen.

5. Eine feuerfeste Form ausbuttern. Die Kugeln sehr eng nebeneinander hineinsetzen. Nochmal zudecken und 15 Minuten gehen lassen. Das Eigelb verquirlen, die Teigkugeln damit bestreichen.

6. Die Buchteln im vorgeheizten Backofen auf der 2. Leiste v. u. bei 200 Grad 35–40 Minuten backen (Gas 3, Umluft 30 Min./180 Grad), evtl. in den letzten 5 Minuten mit etwas Alufolie abdecken, damit sie nicht verbrennen.

7. Die Buchteln aus dem Ofen nehmen, mit einem Löffel portionsweise ausstechen und zum Gulasch servieren.

Zubereiten: 1 Stunde
Zeit zum Gehen für den Teig: 45 Minuten
Pro Portion (8 Port.)
10 g E, 21 g F, 52 g KH = 448 kcal (1876 kJ)

Noch mehr Würze

Johann Lafer: Die Maronen-Buchteln schmecken noch würziger, wenn Sie etwas getrockneten Thymian zerreiben und mit in den Teig arbeiten. Ein besonders schönes Krüstchen bekommen die Buchteln, wenn Sie sie vor dem Überbacken noch mit etwas Honig bestreichen. Und noch ein kleiner Tip: Wenn Sie keine vakuumierten Maronen bekommen, nehmen Sie einfach frische, schnitzen sie wie ein echter Maroni-Röster über Kreuz ein und rösten sie im Backofen bei 200 Grad ungefähr 30 Minuten, bevor Sie sie schälen und sehr fein hacken.

Roastbeef in Thymiankruste **

Für 4 Portionen:
1 kg Roastbeef
Salz, Pfeffer (Mühle)
4 El Öl
Kruste
100 g Butter (zimmerwarm)
2 Tl grobkörniger Senf
1 Eigelb
Blättchen von 1 Bund Thymian
100 g Weißbrot
Salz, Pfeffer (Mühle)

1. Das Roastbeef parieren und den Fettdeckel abschneiden. Das Fleisch salzen und pfeffern.

2. Das Öl im Bräter stark erhitzen. Das Fleisch darin von beiden Seiten scharf anbraten und herausnehmen. Den Bräterboden mit Alufolie auslegen, das Fleisch daraufsetzen.

3. Das Fleisch im vorgeheizten Backofen auf der 2. Leiste v. u. bei 130 Grad etwa 50–60 Minuten braten (Gas 1-2, Umluft 60 Min./110 Grad).

4. Inzwischen für die Kruste die Butter schaumig rühren. Senf, Eigelb und Thymianblätter unterrühren.

5. Das Weißbrot ohne Kruste in der Moulinette zerbröseln, unter die Buttermischung heben. Die Masse herzhaft salzen und pfeffern, mit Klarsichtfolie zudecken und kalt stellen.

6. Das Roastbeef aus dem Bräter nehmen. Die Kruste zwischen Klarsichtfolie so breit wie das Roastbeef ausrollen, auf das Fleisch legen und andrücken.

7. Das Roastbeef 5 Minuten grillen, bis die Kruste goldbraun ist.

8. Das Fleisch aufschneiden und mit Tomatenkompott anrichten.

Knuspriges Baguette dazu reichen.

Zubereiten: 1 1/4 Stunden
Pro Portion
9 g E, 34 g F, 13 g KH = 410 kcal (1715 kJ)

Tomatenkompott **

Für 4 Portionen:
1 kg vollreife Tomaten
3 El Olivenöl
50 g Schalottenwürfel
1 Tl Knoblauchwürfel
150 ml Rinderbrühe
Salz, Pfeffer (Mühle)
1 El gehackte Petersilie
60 g kalte Butter
1 El gezupfte Basilikumblätter

1. Die Tomaten auf der runden Seite über Kreuz einschneiden, kurz in heißem Wasser brühen, mit der Schaumkelle herausnehmen, kalt abschrecken, häuten, vierteln, entkernen und in Stücke schneiden.

2. Das Olivenöl in einer Pfanne erhitzen. Schalotten- und Knoblauchwürfel darin glasig dünsten. Die Rinderbrühe zugießen und 10 Minuten kochen lassen. Die Tomatenstücke zugeben, salzen, pfeffern und die Petersilie unterrühren.

3. Die kalte Butter in kleinen Stücken in das Kompott schwenken. Zum Schluß das Basilikum unterrühren.

Das Tomatenkompott zum Roastbeef servieren.

Zubereiten: 30 Minuten
Pro Portion
3 g E, 21 g F, 9 g KH = 237 kcal (989 kJ)

Ochsenschwanz in Apfelwein

Für 4 Portionen:
2 kg Ochsenschwanz (in Stücken)
Salz
Pfeffer (Mühle)
5 El Öl
400 ml Apfelwein
1 l Rinderfond (Glas)
je 6 schwarze Pfeffer- und Korianderkörner (zerdrückt)
250 g Zwiebeln (gewürfelt)
600 g Suppengrün (gewürfelt)
350 g Äpfel (gewürfelt)
1 Bund Petersilie (gehackt)
1/2 Bund Majoran (gehackt)

1. Vom Ochsenschwanz das Fett entfernen. Die Stücke salzen, pfeffern und in einem Bräter im Öl bei starker Hitze rundum kräftig anbraten. Apfelwein, Rinderfond, Pfeffer und Koriander zugeben.

2. Das Fleisch auf dem Boden des vorgeheizten Backofens bei 180 Grad 2 1/2 Stunden zugedeckt schmoren (Gas 2–3, Umluft nicht empfehlenswert).

3. Die Zwiebel- und Gemüsewürfel (bis auf den Porree) 25 Minuten vor Ende der Garzeit zum Ochsenschwanz geben.

4. Apfel- und Porreewürfel in den letzten 10 Minuten mitschmoren.

5. Den Bräter aus dem Ofen nehmen und vor dem Servieren die Kräuter untermischen.

Zum Ochsenschwanz als Beilage Ofenschlupfer mit Sauerkraut reichen.

Zubereiten: 3 Stunden
Pro Portion
61 g E, 43 g F, 21 g KH = 753 cal (3144 kJ)

Ofenschlupfer

Für 4 Portionen 120 g Speckwürfel in 3 El Öl anbraten. 300 g Zwiebelstreifen darin andünsten, 350 g Sauerkraut unterziehen, gut mit 3 alten Brötchen (in dünnen Scheiben) mischen. 250 ml Schlagsahne mit 150 ml Milch und 4 Eiern verrühren, mit Salz, Pfeffer, Muskat würzen. Eine Auflaufform ausbuttern. Sauerkraut hineingeben und mit Sahne begießen. Den Ofenschlupfer im vorgeheizten Backofen auf der 2. Leiste v. u. bei 180 Grad 55 Minuten backen (Gas 2–3, Umluft 30 Minuten/160 Grad).

Tellerfleisch mit Bouillon-Kartoffeln **

Für 4 Portionen:
Fleisch
1,2 kg Mastochsenbrust (Kern)
Salz
1 Zwiebel
1 Bund Suppengemüse
3 Lorbeerblätter
2 Liebstöckelzweige
1 El schwarze Pfefferkörner
1 El Wacholderbeeren
Bouillon-Kartoffeln
500 g Kartoffeln
200 g Sellerie
300 g Möhren
1 Stange Porree
70 g Butter
1/4 u. 3/8 l passierte Fleischbrühe
Salz, Pfeffer (Mühle)
1 El gehackte Petersilie
1 El gehackter Liebstöckel

1. Das Fleisch im Topf mit kochendem Wasser abbrühen, damit sich beim Kochen keine Trübstoffe bilden. Das Fleisch in 2 l kaltem Salzwasser aufsetzen.

2. Die Zwiebel ungeschält halbieren und auf der Herdplatte bräunen. Das Suppengemüse putzen und grob zerteilen.

3. Zwiebel, Suppengemüse, Lorbeerblätter, Liebstöckel, Pfefferkörner und Wacholderbeeren in den Topf geben. Das Fleisch bei milder Hitze 1 Stunde offen leise kochen lassen.

4. Inzwischen Kartoffeln, Sellerie und Möhren putzen, schälen und klein würfeln. Beim Porree nur den unteren hellgrünen Teil putzen und in Rauten schneiden.

5. 30 g Butter im Topf erhitzen. Kartoffeln, Sellerie und Möhren darin andünsten, mit 1/4 l passierter Fleischbrühe auffüllen (das Gemüse muß ganz bedeckt sein) und 20 Minuten garen. Nach 15 Minuten die Porreerauten zugeben.

6. 3/8 l Fleischbrühe in einen Topf passieren und mit der restlichen Butter aufmixen. Das fertig gegarte Gemüse hineingeben, mit Salz und Pfeffer würzen. Petersilie und Liebstöckel unterziehen.

7. Das Fleisch in Scheiben schneiden, in tiefen Tellern mit dem Gemüse anrichten. Etwas Apfel-Meerrettich dazu reichen.

Zubereiten: 1 1/2 Stunden
Pro Portion
57 g E, 68 g F, 21 g KH = 925 kcal (3881 kJ)

Apfel-Meerrettich **

Für 4 Portionen 30 g Meerrettichwurzel fein raspeln. 1 Apfel schälen und grob raspeln. Beides mischen und mit dem Saft von 1/2 Zitrone und 100 ml Apfelsaft verrühren, zum Schluß salzen. Den Apfel-Meerrettich zum Tellerfleisch servieren.

Filetsteaks mit Markkruste **

Für 4 Portionen:
1 kg Rindermarkknochen
2 Eigelb
1 El Thymianblätter
Salz, Pfeffer (Mühle)
Muskatnuß (frisch gerieben)
40 g Semmelbrösel
4 Filetsteaks (à 160 g)
3 El Öl

1. Für die Kruste das Mark aus den Knochen drücken, grob würfeln und in einer Pfanne bei mittlerer Hitze auslassen, durch ein Sieb in eine Schüssel gießen und 30 Minuten kalt stellen.

2. Das kalte Mark mit dem Handrührer cremig aufschlagen. Eigelb und Thymian unterrühren, mit Salz, Pfeffer und Muskat würzen. Die Semmelbrösel unterheben.

3. Die Markfarce zwischen Klarsichtfolie 1/2 cm dick ausrollen und in der Folie in den Kühlschrank legen.

4. Die Filets von beiden Seiten mit Salz und Pfeffer würzen.

5. Das Öl in einer Pfanne erhitzen. Die Filets darin von beiden Seiten anbraten, aus der Pfanne nehmen. Die Pfanne mit Alufolie auslegen und die Filets daraufsetzen.

6. Die Filets im vorgeheizten Backofen auf der 2. Leiste v. u. bei 175 Grad 12–15 Minuten braten (Gas 2, Umluft 15 Min./150 Grad). Die Filets aus dem Ofen nehmen und zugedeckt 10 Minuten ruhen lassen.

7. Inzwischen von der Markfarce die Folie abziehen. Mit einer Tasse aus der Farce 4 Kreise ausstechen und auf die Filets legen.

8. Die Filets unter dem Grill 5 Minuten überkrusten und anschließend mit Rahmwirsing und glasierter roter Bete servieren.

Zubereiten: 45 Minuten
Kühlen: 30 Minuten
Pro Portion
37 g E, 59 g F, 6 g KH = 713 kcal (2983 kJ)

Rahmwirsing **

Für 4 Portionen:
700 g Wirsingkohl
Salz, 50 g Butter
80 g Zwiebelwürfel
50 g durchwachsener Speck (gewürfelt), 1 Tl Mehl
200 ml Rinderbrühe
200 ml Schlagsahne
Pfeffer (Mühle)
Muskatnuß (frisch gerieben)

1. Aus dem Wirsingkopf den Strunk kegelförmig herausschneiden, die äußeren Blätter entfernen. Die restlichen Blätter in kochendem Salzwasser 5 Minuten blanchieren und zum Abtropfen auf Küchenpapier legen. Die dicken Blattrippen keilförmig herausschneiden. Die Blätter aufeinanderlegen, erst in Streifen, dann in Würfel schneiden.

2. Die Butter in einem Topf erhitzen. Zwiebeln und Speck darin glasig dünsten und mit Mehl bestäuben. Brühe und Sahne zugießen, aufkochen, mit Salz, Pfeffer und Muskat würzen. Den Wirsing bei milder Hitze 10 Minuten kochen.

Die Filetsteaks auf dem Rahmwirsing anrichten.

Zubereiten: 30 Minuten
Pro Portion
7 g E, 35 g F, 9 g KH = 390 kcal (1633 kJ)

Glasierte rote Bete **

Für 4 Portionen:
500 g rote Bete
1 Tl Kümmel, Salz
40 g Butter, 30 g Zucker
50 ml Rotweinessig
Pfeffer (Mühle)
1/2 Tl Kümmelpulver

1. Rote Bete mit Kümmel 1 Stunde in Salzwasser kochen, abschrecken, mit Handschuhen pellen und in Spalten schneiden.

2. Die Butter in der Pfanne zerlassen, den Zucker darin auflösen, mit Essig ablöschen, die rote Bete zugeben und 3 Minuten darin glasieren. Mit Salz, Pfeffer und Kümmelpulver würzen.

Die glasierte rote Bete mit den Filets in der Markkruste anrichten.

Zubereiten: 1 1/4 Stunden
Pro Portion
2 g E, 8 g F, 16 g KH = 150 kcal (625 kJ)

Majoranfleisch **

Für 4 Portionen:
700 g Rinderfiletspitze
weißer Pfeffer (Mühle)
8 El neutrales Pflanzenöl (oder Butterschmalz)
Salz
300 g Zwiebelstreifen
4 Zweige Majoran
3/8 l Rinderfond (Glas)
2 Tl Speisestärke
60 g kalte Butter

1. Das Fleisch in feine Streifen schneiden und mit weißem Pfeffer würzen.

2. Öl oder Butterschmalz in einer Pfanne portionsweise erhitzen. Das Fleisch darin portionsweise scharf anbraten, salzen und pfeffern.

3. Das fertig angebratene Fleisch zum Abtropfen in ein Sieb geben. Den Fleischsaft dabei mit einem Topf auffangen.

4. Die Zwiebelstreifen im Bratfett bei mittlerer Hitze hellbraun braten. Die Majoranblättchen abzupfen. Die Stiele in die Pfanne geben. Den Rinderfond zugießen und bei mittlerer Hitze in 5–8 Minuten auf die Hälfte einkochen lassen. Die Speisestärke mit etwas Wasser anrühren. Die Zwiebelsauce damit binden. Die Majoranstiele aus der Sauce fischen.

5. Den aufgefangenen Fleischsaft in die Sauce geben und die kalte Butter in kleinen Stücken einschwenken.

6. Das Fleisch und die Majoranblätter in die Sauce geben, einmal aufkochen lassen und zum Schluß mit Salz und Pfeffer abschmecken.

Zubereiten: 30 Minuten
Pro Portion
39 g E, 40 g F, 7 g KH = 554 kcal (2317 kJ)

Saftlos, kraftlos

Johann Lafer: Kleingeschnittenes Fleisch darf immer erst nach dem Braten gesalzen werden. Das Salz zieht den Saft aus dem Fleisch, was es bei kleingeschnittenem Fleisch um so besser kann, weil die Oberfläche so groß ist. Große Stücke wie ganze Filets oder Braten werden schnell und heiß angebraten, damit sich sofort eine Kruste bildet, die verhindert, daß der Fleischsaft austritt. Fleisch ohne Saft ist zäh und ledern und kraftlos.

Rinderrouladen

Für 8 Rouladen:
<u>Kräuterfüllung</u>
(im Foto links)
1/2 Bund Petersilie
1/2 Bund Kerbel
1 Zweig Rosmarin
6 Zweige Thymian
3–4 El Olivenöl
40 g Kürbiskerne (geröstet)
<u>Hackfleischfüllung</u>
(im Foto rechts)
1 altes Brötchen
20 g Butter
75 g Zwiebelwürfel
1/2 Tl Knoblauchwürfel
400 g Rinderhackfleisch
1 Ei
1/2 Bund Petersilie (gehackt)
2 El Essiggurkenwürfel
1 El gehackte Kapern
Salz, Pfeffer (Mühle)
<u>außerdem</u>
8 Rouladenscheiben
(à 150 g, aus der Hüfte)
Salz, Pfeffer (Mühle)
120 g Schwarzwälder Schinken (in dünnen Scheiben)
4 blanchierte Wirsingblätter
zum Schmoren
4 El Öl
300 g rote Zwiebeln (gewürfelt)
150 g Porreewürfel
150 g Möhrenwürfel
1/4 l Rotwein
1 Lorbeerblatt
1/2 l Rinderbrühe
100 ml Holunderbeersaft
2 El Speisestärke
1 frische rote Chilischote (feingehackt)

1. Für die Kräuterfüllung Petersilien- und Kerbelblätter, Rosmarinnadeln und die Blättchen von 4 Thymianzweigen in dem Olivenöl pürieren.

2. 4 Fleischscheiben nebeneinander ausbreiten, salzen und pfeffern. Den Schinken darauf verteilen. Die Kräuterpaste auf den Schinken streichen und mit den Kürbiskernen bestreuen.

3. Die Längsseiten der Rouladen über die Füllung klappen. Die Rouladen aufrollen und mit Küchengarn zusammenbinden.

4. Für die Hackfleischfüllung das Brötchen in warmem Wasser einweichen.

5. Die Butter in einer Pfanne erhitzen. Zwiebeln und Knoblauch darin rösten und zum Hackfleisch geben. Das Ei, das ausgedrückte und etwas zerpflückte Brötchen unterkneten. Petersilie, Gurke und Kapern mit einkneten. Die Farce zum Schluß salzen und pfeffern.

6. 4 Fleischscheiben nebeneinander ausbreiten, salzen und pfeffern. Die Wirsingblätter darauf verteilen. Die Hackfleischfüllung darauf streichen. Die Fleischscheiben zu Rouladen aufrollen und mit Garn zusammenbinden.

7. Zum Schmoren zuerst das Öl im Bräter erhitzen, die Rouladen darin rundherum anbraten und wieder herausnehmen. Zwiebel-, Porree- und Möhrenwürfel im Bratöl anrösten und mit dem Rotwein ablöschen. Lorbeer und restliche Thymianzweige zugeben. Die Rinderbrühe zugießen.

8. Die Rouladen wieder in den Bräter geben und zugedeckt 45 Minuten schmoren. Dabei eventuell etwas Flüssigkeit nachgießen.

9. Die Rouladen aus dem Bräter nehmen. Die Sauce durch ein Sieb in einen anderen Topf streichen. Den Holundersaft zugießen. Die Speisestärke mit etwas Wasser glattrühren, die Sauce damit binden, aufkochen, mit Salz und Chili würzen. Die Rouladen darin erwärmen.

10. Vor dem Anrichten das Küchengarn an den Rouladen entfernen. Die Rouladen mit der Sauce servieren.

Zubereiten: 2 Stunden
Pro Roulade
48 g E, 34 g F, 8 g KH = 532 kcal (2230 kJ)

LAMMFLEISCH

Unter Feinschmeckern und den Köchen der neuen frischen Küche gilt zartes Fleisch von Lämmern, die auf unseren salzigen Deichwiesen und kräuterreichen Heidelandschaften grasen, weltweit als Nummer Eins

Lammkeule mit weißen Bohnen **

Für 6–8 Portionen:
500 g weiße Bohnen
1 l Lammfond
2 kleine Milchlammkeulen (à 1 kg, oder 1 große Lammkeule à 1,8 kg, vom Metzger entbeint)
Salz, Pfeffer (Mühle)
Kräuterpaste
1 Bund Pfefferminze
1 Bund glatte Petersilie
6 Zweige Thymian
4 Zweige Rosmarin
4 Knoblauchzehen
Schale von 1/2 Zitrone (unbehandelt)
8–9 El Olivenöl
Pfeffer (Mühle)
außerdem
250 g Perlzwiebeln (oder Schalotten)
500 g Tomaten
1 Bund Petersilie

1. Die weißen Bohnen über Nacht in Wasser einweichen.

2. Die Bohnen abgießen, mit 1/2 l kaltem Lammfond aufsetzen, aufkochen und bei mittlerer Hitze in 20 Minuten bißfest kochen.

3. Die Keulen innen und außen mit Salz und Pfeffer einreiben.

4. Für die Paste Blätter und Nadeln von den Kräutern abzupfen. Die Knoblauchzehen pellen. Alles mit der Zitronenschale in einen Mixer geben und 4–5 El Öl zugießen. Die Zutaten pürieren, mit Salz und Pfeffer würzen.

5. 3/4 der Kräuterpaste auf die Innenseiten der Keulen streichen. Die Keulen zusammenklappen, mit Küchengarn binden und außen mit der restlichen Paste bestreichen.

6. Das restliche Öl im Bräter erhitzen. Die Keulen darin rundherum anbraten. Die Bohnen mit dem Fond in den Bräter geben. Noch 1/4 l Lammfond zugießen.

7. Die Keulen im vorgeheizten Backofen auf der 2. Leiste v. u. bei 170 Grad 45–60 Minuten braten (Gas 2, Umluft ebenso), dabei immer wieder mit dem Bratfond begießen.

8. Inzwischen die Perlzwiebeln pellen und nach 20 Minuten mit einem weiteren 1/4 l Lammfond in den Bräter geben.

9. Die Keulen aus dem Bräter nehmen, in Alufolie einwickeln und 10–15 Minuten ruhenlassen.

10. Inzwischen die Tomaten blanchieren, häuten, achteln und dabei entkernen, in die Sauce geben und einmal aufkochen lassen. Die Petersilie hacken und unterziehen.

11. Die Keulen aufschneiden, den Bratensaft aus der Folie in die Sauce rühren. Die Lammkeule mit dem Bohnengemüse servieren.

Zubereiten: knapp 2 Stunden
Bohnen einweichen: über Nacht
Pro Portion (8 Port.)
49 g E, 43 g F, 35 g KH = 759 kcal (3175 kJ)

Osterlamm

Johann Lafer: Die Lammkeule mit weißen Bohnen ist ein Gericht, das ich mir für die Ostertage ausgedacht habe. Naturgemäß ist das gebratene Osterlamm ein Milchlamm, d. h. es hat noch nichts anderes als Milch zu sich genommen. Sein Fleisch ist hell und zart und zergeht auf der Zunge. Es schmeckt fein nach Milch und Käse und verträgt sich deshalb gut mit frühlingshaften Kräutern.

Lammfond **

Für 1 Liter:
4 El Öl
1 kg Lammknochen (kleingehackt)
600 g Zwiebeln (grob zerschnitten)
5 Knoblauchzehen
250 g Staudensellerie (zerteilt)
400 g Tomaten (grob gewürfelt)
2 Lorbeerblätter
4 Zweige Thymian
1/2 l Rotwein
Salz, Pfeffer (Mühle)

1. Das Öl im Bräter erhitzen, die Knochen darin anrösten.

2. Zwiebeln, Knoblauch, Staudensellerie und Tomaten mit Lorbeer und Thymian zugeben und mitrösten. Den Rotwein zugießen und in 10 Minuten etwas einkochen lassen. 1 1/2 l Wasser zugießen.

3. Den Fond offen bei mittlerer Hitze 1 1/2–2 Stunden leise kochen lassen, zwischendurch immer wieder das Fett und die Trübstoffe abschöpfen.

4. Den Fond durch ein Mulltuch gießen, salzen und pfeffern und über Nacht kalt stellen. Vor dem Weiterverwenden das Fett abnehmen.

Zubereiten: 2 1/2 Stunden
Kühlen: über Nacht
Pro Liter
3 g E, 40 g F, 18 g KH = 460 kcal (1920 kJ)

Lammragout mit jungem Gemüse

Für 4 Portionen:
400 g rote Zwiebeln
750 ml guter Rotwein
2 kg Lammfleisch
(Keule oder Schulter)
Salz
schwarzer Pfeffer (Mühle)
6 El Öl
500 g Suppengrün (gewürfelt)
300 ml Lammfond (Glas)
5 Zweige Thymian
250 g Perlzwiebeln
300 g Bundmöhren
400 g Mairübchen
500 g Erbsenschoten
(oder 125 g TK-Erbsen)
15 g Speisestärke
60 g Butter, 15 g Zucker
Kerbel zum Garnieren

1. Die roten Zwiebeln pellen, fein würfeln und mit dem Rotwein in einen Topf geben. Den Wein auf 1/3 einkochen lassen.

2. Das Lammfleisch von Fett und Sehnen befreien, in 50 g schwere Würfel schneiden, salzen, pfeffern und im sehr heißen Öl bei starker Hitze rundum kräftig anbraten. Das Suppengrün unterrühren und kurz mitrösten. Mit dem Rotwein-Zwiebel-Gemisch und dem Lammfond auffüllen. Den Thymian zugeben. Das Fleisch im geschlossenen Topf bei milder Hitze 3 Stunden schmoren.

3. Inzwischen die Perlzwiebeln pellen. Die Möhren und Mairübchen putzen, dabei jeweils etwas Grün am Strunkansatz stehen lassen. Die Erbsen aus der Schale brechen.

4. Das gegarte Lammfleisch mit einer Gabel aus dem Fond holen. Das Gemüse hineingeben und mit dem Schneidstab fein pürieren. Das Püree durch ein feines Sieb streichen, dabei die Rückstände im Sieb gut ausdrücken.

5. Die passierte Sauce zum Kochen bringen. Die Stärke mit etwas kaltem Wasser anrühren und zum Binden in die Sauce rühren. Das Fleisch in die Sauce geben und darin 10 Minuten leise sieden lassen.

6. Inzwischen die Perlzwiebeln in der heißen Butter rundum goldbraun anbraten. Den Zucker unterrühren, 3 El Wasser zugeben. Die Zwiebeln im geschlossenen Topf bei mittlerer Hitze 6 Minuten dünsten. Die Möhren und Mairübchen zugeben. Das Gemüse salzen und 10 Minuten dünsten. Nach 5 Minuten die Erbsen unterrühren.

7. Das Lammragout mit der Sauce auf vorgewärmten Tellern anrichten, das Gemüse darauf verteilen, mit Kerbelblättchen bestreuen und servieren.

Dazu schmeckt Meterbrot.

Zubereiten: 4 Stunden
Pro Portion
96 g E, 112 g F, 34 g KH = 1607 kcal (6726 kJ)

Was lange schmort, wird gut

»e&t«: Drei Stunden schmort das Lammfleisch in einem gutem Rotwein, bei dem Sie nicht am Preis sparen sollten. Es wird dabei so zart und weich, daß es fast zerfällt – und entwickelt eine wunderbar würzige Sauce. Raffinierter Kontrast dazu: das knapp gegarte junge Gemüse, das erst ganz zum Schluß untergemischt wird. In unserem Rezept hier sind es Frühlingsgemüse, Sie können das Rezept selbstverständlich auch im Winter mit frischem Wintergemüse (rote Bete, roter oder weißer Kohl in Streifen und Rosenkohl zum Beispiel) zubereiten.

Lammrücken mit Buttergemüse

Für 6–8 Portionen:
1 Lammrücken
(am Knochen, 2,5 kg)
200 g Zwiebeln
200 g Möhren
200 g Sellerie
400 g Porree
60 g Butter
Salz, weißer Pfeffer (Mühle)
Zucker
300 g Crème fraîche
200 ml trockener Weißwein
(bei Umluft 300 ml)
2–3 El Zitronensaft
1 Bund Schnittlauch

1. Die Schwarte mit dem darunterliegenden Fett vom Lammrücken abziehen. Mit einem scharfen Messer die weiße Haut abtrennen und beiderseits des Rückgrats am Knochen jeweils etwa 1 cm tief einschneiden und die Sehnen herauslösen.

2. Zwiebeln, Möhren, Sellerie und Porree putzen und fein würfeln.

3. Zwiebeln und Möhren in der Butter in 3 Minuten glasig dünsten, mit Salz, Pfeffer und 1 Prise Zucker würzen. Sellerie und Porree zugeben und weitere 3 Minuten dünsten. 200 g Crème fraîche unterrühren.

4. Den Lammrücken mit Salz und Pfeffer einreiben, auf der Saftpfanne mit Wein begießen und mit Gemüse bestreuen.

5. Den Lammrücken im vorgeheizten Backofen auf der 2. Leiste v. u. bei 225 Grad 20 Minuten braten (Gas 4, Umluft 200 Grad), danach im ausgeschalteten Ofen noch 10 Minuten ruhenlassen.

6. Das Fleisch vom Knochen lösen, in Scheiben schneiden, auf einer vorgewärmten Servierplatte wieder zusammensetzen.

7. Das Gemüse in eine Pfanne umfüllen. Die Röststoffe am Saftpfannenrand mit 1/8 l kochendem Wasser und einem Backpinsel lösen und zugießen. Die restliche Crème fraîche unterrühren und kräftig sprudelnd aufkochen, mit Salz, Pfeffer und Zitronensaft abschmecken. Das Gemüse über das Fleisch geben, mit Schnittlauchröllchen bestreuen und servieren.

Dazu dünne Kräuterpfannkuchen reichen.

Zubereiten: 1 1/4 Stunden
Pro Portion (8 Port.)
34 g E, 47 g F, 7 g KH = 620 kcal (2596 kJ)

Marinierte Lammkeule mit Weinsauce

Für 8–10 Portionen:
4 Zwiebeln
4 Knoblauchzehen
1 Zitrone (unbehandelt)
1 Bund Suppengrün
1 Bund Thymian
1 kleiner Zweig Rosmarin
4 Lorbeerblätter
1 El Pfefferkörner
2 Flaschen würziger Weißwein (à 0,7 l)
80 g Butter
20 g Mehl
Salz, Pfeffer (Mühle)

1. Am Tag vorher Zwiebeln und Knoblauch pellen. Die Zwiebeln vierteln, den Knoblauch halbieren. Die Zitrone in mehrere Stücke schneiden. Das Suppengrün putzen und grob zerteilen. Thymian und Rosmarin von den Stielen streifen, mit Lorbeer und Pfeffer mischen.

2. Die Lammkeule und alle vorbereiteten Zutaten in einen großen Gefrierbeutel geben und in einen hohen Topf stellen. Den Wein in den Beutel gießen (die Keule soll vollständig bedeckt sein, deshalb muß evtl. mit Wasser aufgefüllt werden). Den Beutel fest verschließen und im Topf über Nacht kühl stellen.

3. 20 g Butter mit dem Mehl verkneten. Die Mehlbutter und die restliche Butter über Nacht kalt stellen.

4. Die Lammkeule aus dem Beutel nehmen und trockentupfen. Die Marinade mit allen Zutaten in die Saftpfanne gießen, die Zitronenstücke entfernen.

5. Die Keule mit Salz einreiben, auf den Backofenrost legen und auf der 2. Leiste v. u. bei 100 Grad etwa 3 3/4 Stunden braten (Gas 1, Umluft 100 Grad). Dabei die Saftpfanne auf der 1. Leiste v. u. einsetzen. Die Temperatur mit einem Fleischthermometer kontrollieren, es muß 80 Grad anzeigen. Das Fleisch im ausgeschalteten Backofen noch etwas ruhenlassen.

6. Inzwischen die Marinade mit den Zutaten in einen Topf geben und auf dem Herd offen auf 1/2 l einkochen, salzen und pfeffern. Die Mehlbutter in kleinen Flöckchen unterschlagen und 10 Minuten weiterkochen. Die Sauce durch ein feines Sieb gießen, die restliche kalte Butter in Stückchen unterschlagen.

Die Lammkeule mit der Sauce servieren. Dazu passen Pellkartoffeln und Spinat.

Zubereiten: 4 1/2 Stunden
Marinieren: über Nacht
Pro Portion (10 Port.)
37 g E, 42 g F, 5 g KH = 579 kcal (2421 kJ)

Krautwickel mit Lammhack **

Für 4 Portionen:
1 Kopf Wirsingkohl (800 g)
Salz
2 Zweige Rosmarin
1 1/2 Zitronen
6 El Olivenöl
1 El gehackter Knoblauch
200 g Zwiebelwürfel
3 El gehackte Petersilie
600 g Lammhackfleisch
1 Ei
Pfeffer (Mühle)
300 g Schalottenviertel
1 Speckschwarte (50 g)
1/2 l Lammfond (Glas)
4 Scheiben durchwachsener Speck
1 Kartoffel
20 g Butter
1 Tl gehackte Thymianblätter

1. Den Kohl in Salzwasser blanchieren. 8 gleich große Blätter zum Abtropfen auf einem Küchentuch ausbreiten. Die dicken Rippen keilförmig herausschneiden.

2. Von 1 Zweig Rosmarin die Nadeln abstreifen und sehr fein hacken. 1 Zitrone in Filets zerteilen, 1/2 Zitrone schälen und vierteln.

3. Für die Füllung 3 El Öl erhitzen. Zwiebeln und Knoblauch darin andünsten. Grob gehackte Petersilie und gehackte Rosmarinnadeln untermischen.

4. Lammhack mit Ei verrühren, mit Zwiebel-Kräuter-Mischung, Salz und Pfeffer herzhaft würzen.

5. Je 1 El Lammfarce auf ein Kohlblatt setzen. Die Blätter erst an den Seiten über die Füllung schlagen, dann zu Rouladen aufrollen und mit Küchengarn binden.

6. Das restliche Öl im Bräter erhitzen. Die Krautwickel darin bei milder Hitze rundherum anbraten. Die Schalottenviertel und die Speckschwarte kurz mitbraten. 1/4 l Lammfond zugießen. Die geschälten Zitronenviertel und den restlichen Zweig Rosmarin zugeben. Auf jeden Krautwickel 1/2 Scheibe durchwachsenen Speck legen.

7. Die Krautwickel bei milder Hitze zugedeckt 45 Minuten schmoren, dabei nach und nach 1/4 l Lammfond zugießen. Nach 30 Minuten die rohe Kartoffel zum Binden in den Fond reiben.

8. Die Krautwickel aus dem Fond nehmen, das Küchengarn entfernen. Die Krautwickel bis zum Servieren zugedeckt warm stellen.

9. Den Fond in 10 Minuten etwas einkochen lassen, in einen anderen Topf passieren. Die kalte Butter in kleinen Stücken einschwenken. Den gehackten Thymian und die Zitronenfilets hineingeben. Die Sauce mit Salz und Pfeffer abschmecken.

10. Die Krautwickel mit der Sauce anrichten. Dazu ein Semmelknödel-Soufflé reichen.

Zubereiten: 2 Stunden
Pro Portion
37 g E, 55 g F, 17 g KH = 742 kcal (3105 kJ)

Semmelknödel-Soufflé **

Für 4 Portionen:
150 g alte Brötchen (kleingewürfelt)
190 g Butter
100 ml Milch
Salz, Pfeffer (Mühle)
Muskat (frisch gerieben)
80 g durchwachsener Speck (gewürfelt)
1 Knoblauchzehe (püriert)
40 g Schalottenwürfel
4 Eier (getrennt)
2 Eiweiß
2 El gehackte Petersilie
Semmelbrösel für die Form

1. Die Brötchen in 80 g Butter dunkelbraun anrösten, ein Drittel beiseite stellen. Den Rest mit Milch aufgießen, mit Salz, Pfeffer und Muskat herzhaft würzen. Die Brötchen auf milder Hitze unter Rühren zu Brei kochen, vom Herd nehmen und abkühlen lassen.

2. In einer Pfanne den gewürfelten Speck auslassen. Knoblauch und Schalotten darin glasig dünsten, zum Abtropfen in ein Sieb geben.

3. 100 g zimmerwarme Butter mit 4 Eigelb schaumig rühren. Den Brei, die Speckmischung und die gehackte Petersilie zugeben. Alles sehr gut miteinander verrühren.

4. Eine Souffléform (1 l Inhalt) mit der restlichen Butter ausstreichen, mit Semmelbröseln ausstreuen.

5. 6 Eiweiß mit 1 Tl Salz sehr steif schlagen und mit den beiseite gestellten Brotwürfeln unter den Brotteig heben. Die Masse in die Form füllen.

6. Die Form ins heiße Wasserbad stellen und im vorgeheizten Backofen auf der 2. Leiste v. u. bei 180 Grad 40 Minuten garen (Gas 2–3, keine Umluft!).

Das Semmelknödel-Soufflé zu den Krautwickeln mit Lammhack servieren.

Zubereiten: 1 Stunde
Pro Portion
16 g E, 61 g F, 23 g KH = 732 kcal (3064 kJ)

Unglaubliche kulinarische Schätze

GEFLÜGEL UND WILD

Die zeitgemäße Geflügel- und Wildküche ist ein kulinarischer Schatz: Schier unglaublich, wie modern und kreativ man heute Huhn und Hähnchen, Hase und Hirsch interpretieren kann

Gefülltes Kräuterhühnchen **

Für 4 Portionen:
2 Scheiben altes Toastbrot (80 g)
60 ml Milch
150 g Zwiebeln
2–3 Knoblauchzehen
8 El Öl
je 4 El gehackte Petersilie, Schnittlauch, Kerbel
1 El gehackte Rosmarinnadeln
Salz, Pfeffer (Mühle)
Muskatnuß (frisch gerieben)
1 Maispoularde (1,5 kg, küchenfertig vorbereitet)
Gewürzsalz
(je 1 El getrockneter Majoran, Salz, Pfeffer und Paprikapulver)
außerdem:
3 Zweige Rosmarin
3 Zweige Thymian
300 ml Geflügelfond (Glas)

1. Für die Füllung das Brot würfeln, in einer Schüssel mit lauwarmer Milch begießen und 15 Minuten quellen lassen.

2. Inzwischen Zwiebeln und Knoblauch fein würfeln. 3 El Öl in einer großen Pfanne erhitzen, beides darin glasig andünsten. Die gehackten Kräuter zugeben und kurz dünsten, herzhaft mit Salz, Pfeffer und Muskat würzen.

3. Die Kräuter mit dem Brot mischen und in einen Spritzbeutel (Lochtülle 10) füllen.

4. Die Haut der Poularde am Rand der hinteren Öffnung vorsichtig vom Fleisch lösen (mit dem Zeigefinger darunter fahren). Von dort aus die Farce auf beiden Brustseiten vorsichtig unter die Haut spritzen (sie darf nicht reißen!) und mit der Hand von außen gleichmäßig verteilen. Die Keulen mit Küchengarn zusammenbinden.

5. Die Poularde mit 2 El Öl bestreichen und innen und außen gründlich mit Gewürzsalz einreiben.

6. Restliches Öl im Bräter erhitzen. Die Poularde mit der Brust nach unten hineinsetzen, rundherum goldbraun anbraten.

7. Die Poularde mit der Brust nach oben im vorgeheizten Backofen auf der 2. Leiste v. u. einsetzen. Rosmarin- und Thymianzweige in den Bräter geben und etwas Geflügelfond zugießen.

8. Die Poularde bei 200 Grad 1 Stunde braten (Gas 3, Umluft 180 Grad). Dabei nach und nach den restlichen Geflügelfond zugießen. Die Poulardenbrust evtl. nach der Hälfte der Garzeit mit Alufolie abdecken.

9. Die Poularde aus dem Bräter nehmen, das Küchengarn entfernen. Brust und Keulen abschneiden und mit Schmorgurken servieren.

Dazu evtl. Stampfkartoffeln reichen.

Zubereiten: 2 Stunden
Pro Portion
62 g E, 37 g F, 14 g KH = 676 kcal (2825 kJ)

Schmorgurken nach Spreewälder Art **

Für 4 Portionen:
1 kg Schmorgurken
Salz
100 g Zwiebeln
50 g Butter
30 g Zucker
10 ml Weißweinessig
1/8 l Gemüsebrühe
2 El Crème fraîche
2 El gehackter Dill

1. Die Gurken schälen, halbieren, mit einem Löffel die Kerne herauskratzen. Das Gurkenfleisch in 1 cm breite Streifen schneiden, salzen und zum Entwässern in einem Sieb 30 Minuten beiseite stellen. Die Zwiebeln pellen und würfeln.

2. Butter mit Zucker in einer Pfanne goldbraun schmelzen lassen. Die Zwiebeln darin glasig andünsten und mit dem Essig ablöschen. Die Gurkenstreifen und die Gemüsebrühe zugeben.

3. Die Gurken im geschlossenen Topf 15–20 Minuten schmoren. Zum Schluß Crème fraîche und Dill unterziehen.

Zubereiten: 1 Stunde
Pro Portion
2 g E, 14 g F, 14 g KH = 192 kcal (802 kJ)

Hähnchenbrust mit Mandelfüllung

Für 4–6 Portionen:
4 doppelte Hähnchenbrustfilets (1,2 kg)
100 g Mandeln (gemahlen)
1 Knoblauchzehe
150 g Basilikumblätter
1 Tl abgeriebene Zitronenschale (unbehandelt)
230 g Butter (davon 130 g weich und 100 g eiskalt)
Salz, 4 große Tomaten
200 g dünne Eiernudeln
4 El Öl
3/8 l trockener Marsala (italienischer Süßwein)
4 Tl Balsamessig

1. Die Hähnchenbrüste nacheinander in einem Gefrierbeutel flachklopfen. Das Fleisch nebeneinander auf die Arbeitsfläche legen.

2. Inzwischen die Mandeln bei mittlerer Hitze ohne Fett goldbraun rösten, in einer Schüssel mit püriertem Knoblauch mischen.

3. Die Basilikumblätter fein hacken und zugeben. Alles gut mit Zitronenschale und 100 g weicher Butter mischen und salzen.

4. Die Farce als Füllung jeweils in die Mitte der Fleischstücke geben. Das Fleisch darüberklappen und seitlich mit 3–4 Holzstäbchen zusammenstecken.

5. Die Tomaten kurz in kochendes Wasser tauchen, kalt abschrecken und häuten. Die Stielansätze keilförmig herausschneiden.

6. Die Nudeln nach der Packungsanweisung kochen und in einem Durchschlag abtropfen lassen.

7. Das Öl in einem Bräter erhitzen. Die Hähnchenbrüste leicht salzen und von allen Seiten kurz im Öl anbraten.

8. Die Hähnchenbrüste im vorgeheizten Backofen auf der 2. Leiste v. u. bei 200 Grad 20 Minuten braten (Gas 3, Umluft nicht empfehlenswert). Den Marsala zugießen. Die Hähnchenbrüste weitere 15 Minuten bei 225 Grad braten (Gas 4). Die Hähnchenbrüste danach zugedeckt auf einer Platte im ausgeschalteten Ofen warm halten.

9. Den Bratfond in einen Topf umgießen und erhitzen. Nach und nach 100 g eiskalte Butter mit dem Schneebesen unterrühren, bis die Sauce leicht gebunden ist.

10. Die restliche weiche Butter in einer Pfanne erhitzen und die Nudeln darin knusprig braun braten.

11. Die Holzstäbchen aus dem Fleisch ziehen. Die Hähnchenbrüste in nicht zu dünne Scheiben schneiden, mit Sauce, Nudeln und geviertelten Tomaten anrichten. Über die Tomaten bei Tisch noch etwas Balsamessig träufeln.

Zubereiten: 1 1/2 Stunden
Pro Portion (6 Port.)
48 g E, 50 g F, 38 g KH = 832 kcal (3481 kJ)

Kein Strohfeuer

***»e&t«:* Die Freundschaft der deutschen Nase mit dem Basilikum ist noch jung. Und aus eben diesem Grund anfällig für Mißverständnisse und Unbedachtheiten, vom traurigen Effekt des Strohfeuers ganz zu schweigen. Ein Tip von uns, den Sie unbedingt beherzigen sollten: Nehmen Sie möglichst nur Basilikum, das im Freiland gewachsen ist. Es schmeckt viel besser als das aus dem Topf, das unter künstlicher Sonne heranwachsen muß und deshalb keine Kraft entwickeln kann.**

Gänsesüppchen mit Flädle **

Für 4 Portionen:
Knochen und Hals von 1 Gans
2 El Öl
1 Bund Suppengemüse (grob zerteilt)
2 Lorbeerblätter
10 g weiße Pfefferkörner
1 Zweig Thymian
5 Gewürznelken
1 Stange Porree
150 g Möhren
150 g Sellerie
1 El gehackte Petersilie
Flädle
85 g Mehl
2 Eier
500 g Butter
Salz, Pfeffer (Mühle)
Muskatnuß (frisch gerieben)
50 ml Milch
1 El gehackte Petersilie
1 El Schnittlauchröllchen
1 El Öl, 10 g Butter

1. Die Gänseknochen und den Hals kleinhacken, im Öl rösten. Das Suppengemüse kurz mitrösten. Lorbeer, Pfeffer, Thymian und Nelken zugeben. 1 1/2 l kaltes Wasser zugießen. Die Brühe 1 Stunde bei milder Hitze leise kochen und dabei immer wieder abschäumen.

2. Inzwischen Porree, Möhren und Sellerie putzen und in sehr schmale Streifen schneiden.

3. Für den Teig Mehl, Eier, flüssige Butter, Salz, Pfeffer, Muskat mit der Milch glatt verrühren. Petersilie und Schnittlauch unterziehen.

4. Öl und Butter in einer Pfanne erhitzen. Darin aus dem Teig portionsweise dünne Pfannkuchen backen, auf Küchenpapier abtropfen lassen, aufrollen und in schmale Streifen schneiden.

5. Die Gänsebrühe in einen anderen Topf passieren (1/4 l Brühe für den Gänsebraten abnehmen) und erhitzen. Möhren und Sellerie kurz garen. Kurz vor dem Servieren Porree, Pfannkuchenstreifen und Petersilie hineingeben.

Zubereiten: 1 Stunde
Pro Portion
9 g E, 26 g F, 21 g KH = 363 kcal (1516 kJ)

Martini-Gans

Johann Lafer: Das Gänsesüppchen und die geschmorte Gans gehören zusammen. Sie sollten beides bei einem zünftigen Martini-Essen am 11. November oder zu Weihnachten servieren.

Geschmorte Gans in Johannis-beersauce **

Für 4 Portionen:
1 Gans (4 kg, küchenfertig vorbereitet, mit Hals)
2 El Öl
Salz, Pfeffer (Mühle)
1 Tl getrockneter Majoran
2–3 El Gänseschmalz
300 g Staudensellerie (gewürfelt)
400 g rote Zwiebeln (gewürfelt)
1/2 l Johannisbeersaft
1/4 l Gänsefond
4 Gewürznelken
3 Zimtstangen
2 Äpfel
30 g Butter
2 El Honig
1 Tl Speisestärke

1. Die Gänsekeulen auslösen. Die Brust auf der Karkasse lassen, mit dem Knochen ablösen. Keulen und Brust mit Öl bepinseln, mit Salz, Pfeffer und Majoran würzen.

2. Gänseschmalz im großen Bräter erhitzen. Die Gänseteile rundherum anbraten. Staudensellerie und rote Zwiebeln kurz mitbraten. Johannisbeersaft und Gänsefond zugießen. Ein Gewürzsäckchen mit Nelken und Zimtstangen in den Bräter geben.

3. Die Gans zugedeckt im vorgeheizten Backofen bei 200 Grad 50–60 Minuten schmoren (Gas 3, Umluft 1 Std./180 Grad). Die Gans dabei immer wieder mit dem Schmorfond beschöpfen.

4. Die Äpfel schälen, entkernt in grobe Stücke schneiden, nach 30 Minuten zur Gans in den Bräter geben.

5. In einem Topf die Butter mit dem Honig erwärmen. Die Gänseteile aus dem Bräter nehmen, den Schmorfond in einen anderen Topf passieren. Die Gänseteile auf der Hautseite mit der Honigbutter bestreichen, wieder in den Bräter geben und unter dem Grill in 2–3 Minuten knusprig braun grillen.

6. Inzwischen den Fond auf die Hälfte einkochen. Die Speisestärke mit etwas Wasser glattrühren, die Sauce damit binden, salzen und pfeffern.

7. Die Keulen in je 2 Teile schneiden. Die Brust von den Knochen lösen, schräg in Scheiben schneiden und mit der Sauce servieren.

Dazu Kürbisgemüse und Walnußknödel (Rezept auf Seite 111) reichen.

Zubereiten: 2 Stunden
Pro Portion
40 g E, 97 g F, 38 g KH = 1246 kcal (5207 kJ)

Kürbisgemüse **

Für 4 Portionen 1 kg frischen Kürbis schälen, entkernen, raffeln, salzen und in 30 Minuten Wasser ziehen lassen. Kürbisraffel in einem Tuch gut ausdrücken. 30 g Butter in einer Pfanne erhitzen, 100 g Schalottenwürfel darin andünsten. Kürbis kurz mitdünsten. 1/8 l Brühe zugießen und in 5 Minuten bei mittlerer Hitze stark einkochen. Das Gemüse mit Salz, Pfeffer und etwas Paprikapulver würzen. 2 El saure Sahne und 1 El gehackten Kerbel unterrühren. Beim Anrichten das Kürbisgemüse mit 2 El gerösteten Kürbiskernen bestreuen.

Hühnerfrikassee **

Für 4 Portionen:
1 Maispoularde (1,5 kg)
500 g Suppengemüse
1 große Zwiebel
2 Lorbeerblätter
3 Stiele Liebstöckel
4 Wacholderbeeren
1 El weiße Pfefferkörner
Salz, 60 g Butter, 40 g Mehl
1/4 l Weißwein
250 g Champignons
Pfeffer (Mühle)
3 Tomaten, 300 g TK-Erbsen
2 El Kapern
100 ml Schlagsahne, 2 Eigelb
je 1/2 Bund Petersilie und Kerbel, 2–3 El Zitronensaft

1. Poularde in kochendem Wasser kurz blanchieren, in kaltem Wasser aufsetzen.

2. Das Suppengemüse grob würfeln. Die Zwiebel halbieren und mit der Schnittfläche in einer Pfanne trocken rösten.

3. Suppengemüse, Zwiebel, Lorbeer, Liebstöckel, Wacholder, Pfefferkörner und Salz zur Poularde geben, bei milder Hitze 40 Minuten leise kochen, herausnehmen, abtropfen und abkühlen lassen. Die Brühe durch ein feines Sieb gießen.

4. Poularde zerteilen, dabei Haut und Fett entfernen. Die Fleischstücke in 2 cm dicke Würfel schneiden und zugedeckt beiseite stellen.

5. 40 g Butter in einem Topf zerlassen. Das Mehl darin anschwitzen. 1/2 l Geflügelbrühe und den Weißwein zugießen und in 10 Minuten unter Rühren etwas einkochen.

6. Champignons putzen und vierteln. Restliche Butter erhitzen. Pilze darin anbraten, mit Salz und Pfeffer würzen.

7. Tomaten brühen, häuten, achteln und dabei entkernen.

8. Fleisch und Pilze in der Sauce aufkochen. Die Hitze zurückschalten. Erbsen, Tomaten und Kapern darin erwärmen.

9. Sahne und Eigelb verquirlen. Das Frikassee damit legieren, mit Salz, Pfeffer und Zitronensaft abschmecken. Die gehackten Kräuter unterrühren.

Mit Bandnudeln servieren.

Zubereiten: 1 1/4 Stunden
Pro Portion
64 g E, 40 g F, 21 g KH = 736 kcal (3081 kJ)

Glasierte Entenkeulen mit Birnenkompott **

Für 4 Portionen:
4 Entenkeulen (à 250 g)
Salz, Pfeffer (Mühle)
20 g Butterschmalz
200 ml Rinderfond (Glas)
100 g getrocknete Aprikosen
100 g Aprikosenmarmelade
1 El Sesamsaat
1 El Semmelbrösel
Kompott
800 g Birnen
1–2 El Zitronensaft
1–2 frische rote Chilischoten
50 g Zucker, 50 g Butter
60 ml Weißweinessig
200 ml Birnensaft

1. Die Entenkeulen salzen und pfeffern. Das Butterschmalz im Bräter erhitzen, die Keulen darin rundherum anbraten und mit Fond ablöschen.

2. Die Keulen mit der Hautseite nach oben im vorgeheizten Backofen auf der 2. Leiste v. u. bei 200 Grad 1 Stunde braten (Gas 3, Umluft 40 Min./180 Grad).

3. Inzwischen für das Kompott die Birnen schälen, entkernen, in Spalten schneiden und mit Zitronensaft beträufeln. Die Chilischoten aufschlitzen, entkernen und in feine Streifen schneiden.

4. Zucker und Butter in der Pfanne auflösen, mit Essig ablöschen und den Birnensaft zugießen. Den Sud in 5–10 Minuten sirupartig einkochen lassen. Birnen und Chili darin aufkochen, vom Herd nehmen und im heißen Sud ziehen lassen.

5. Für die Glasur die getrockneten Aprikosen klein würfeln, bei milder Hitze in der Aprikosenmarmelade erwärmen.

6. Die Entenkeulen im Bräter damit bestreichen, mit Sesam und Semmelbröseln bestreuen und unter dem vorgeheizten Grill in 3–4 Minuten knusprig bräunen.

Die glasierten Entenkeulen mit dem Kompott anrichten und mit Gemüsenudeln servieren.

Eventuell außerdem Walnußknödel (im Foto auf Seite 107) reichen.

Zubereiten: 1 1/4 Stunde
Pro Portion
40 g E, 52 g F, 69 g KH = 942 kcal (3939 kJ)

Gemüsenudeln **

Für 4 Portionen:
400 g Kartoffeln
400 g Möhren
20 g Butter
50 g feine Schalottenwürfel
1/8 l Rinderbrühe
1–2 El Zitronensaft
Salz
Pfeffer (Mühle)
1 El Schlagsahne
2 El gehackte Petersilie

1. Kartoffeln und Möhren schälen, getrennt in gleich lange, sehr flache Scheiben schneiden, dann in dünne Streifen schneiden.

2. Die Butter in einer Pfanne erhitzen, die Schalotten darin glasig dünsten. Die Brühe zugießen und mit Zitronensaft würzen. Die Kartoffeln zugeben und 10 Minuten zugedeckt garen. Nach 5 Minuten die Möhren zugeben.

3. Die Gemüsenudeln salzen und pfeffern, die steif geschlagene Sahne und die Petersilie unterziehen und zu den glasierten Entenkeulen servieren.

Zubereiten: 30 Minuten
Pro Portion
3 g E, 5 g F, 18 g KH = 132 kcal (554 kJ)

Aus der Chinatown von San Francisco

Johann Lafer: Im Fernsehen habe ich zum Schneiden der Gemüsenudeln eine Maschine benutzt, die ich mir vor ein paar Jahren bei einem kleinen Krämer in der Chinatown von San Francisco (übrigens die größte in der westlichen Welt) erhandelt habe. Sie hat dort nur Pfennige gekostet, hier gibt es sie für ein paar hundert Mark in einer Edelstahlausführung bei einem Delikatessenimporteur (Rungis-Express) und manchmal auch in Asien-Geschäften, wie z. B. bei Vinh Loi in Hamburg. Da kostet sie zwischen 80 und 200 Mark, ist aber nur selten zu haben, weil der chinesische Exporteur nicht zuverlässig ist.

Walnußknödel **

Für 4 Portionen (16 Knödel):
200 ml Milch
70 g Butter
90 g Hartweizengrieß
1 Ei
1 Eigelb
50 g Walnußkerne (gehackt)
Salz
Pfeffer (Mühle)
Walnußbutter
150 g Butter
30 g Walnußkerne (gehackt)
30 g Semmelbrösel
70 g Butter

1. Die Milch mit der Butter in einem Topf aufkochen. Den Hartweizengrieß unter Rühren einrieseln lassen. Weiterrühren („abbrennen"), bis sich ein weißer Belag am Topfboden bildet.

2. Den Grießteig in eine Schüssel geben und 10 Minuten ausquellen lassen. Das Ei und das Eigelb nacheinander unterrühren. Die Walnüsse gut mit dem Teig mischen. Den Teig mit Salz und Pfeffer würzen und zugedeckt für 1 Stunde in den Kühlschrank geben.

3. In einem großen Topf reichlich Salzwasser aufkochen. Aus dem Grießteig 16 tischtennisballgroße Klöße formen und ins kochende Salzwasser geben. Die Hitze zurückschalten. Die Klöße in 15 Minuten gar ziehen lassen.

4. Die Butter in einer Pfanne aufschäumen lassen, die Walnußkerne und die Semmelbrösel einrühren.

5. Die Knödel mit der Schaumkelle aus dem Wasser heben, gut abtropfen lassen und beim Anrichten mit der Walnußbutter übergießen.

Die Walnußknödel zu den glasierten Entenkeulen oder zur geschmorten Gans in Johannisbeersauce (Seite 107) servieren.

Zubereiten: 40 Minuten
Kühlen: 1 Stunde
Pro Portion
10 g E, 62 g F, 25 g KH = 717 kcal (3002 kJ)

Hirschragout mit Salbeibohnen

Für 4 Portionen:
1,2 kg Hirschkeule (ohne Knochen)
Salz, weißer Pfeffer (Mühle)
140 g Butter
450 g Suppengrün (gewürfelt)
700 g rote Zwiebeln (grob gewürfelt)
250 ml roter Portwein
750 ml kräftiger Rotwein
1 El Quittengelee
600 ml Wildfond (Glas)
400 g grüne Bohnen
1 Zweig Salbei

1. Grobe Sehnen an der Keule abschneiden. Das Fleisch in 80 g schwere Stücke schneiden, salzen und pfeffern.

2. 60 g Butter in einem großen breiten Bräter erhitzen. Fleischstücke und Sehnen darin rundherum scharf anbraten und wieder herausnehmen. Suppengrün und Zwiebeln im Bratfett dünsten.

3. Fleischstücke wieder zugeben. 1/3 vom Portwein zugießen und fast völlig einkochen lassen. Den Vorgang noch zweimal wiederholen. Zum Schluß das Quittengelee unterrühren und den Wildfond zugießen. Das Fleisch zugedeckt bei milder Hitze in 3 Stunden weich schmoren.

4. Nach 2 1/2 Stunden die Bohnen putzen, waschen und gut abtropfen lassen. 40 g Butter erhitzen. Die Bohnen darin andünsten, salzen und pfeffern. 50 ml Wasser zugießen. Die Bohnen bei milder Hitze im geschlossenen Topf 15 Minuten dünsten.

5. Fleischstücke aus dem Schmorfond nehmen und in einen Topf geben. Fond durch ein feines Sieb zugießen, dabei die Gemüserückstände im Sieb gut ausdrücken.

6. Die restliche Butter aufschäumen. Die Salbeiblätter darin anrösten.

7. Das Hirschragout noch einmal erhitzen und mit den abgetropften Bohnen auf vorgewärmten Tellern anrichten. Die Bohnen mit Salbeibutter beträufeln.

Schupfnudeln (Bubenspitzle) dazu reichen.

Zubereiten: 3 1/2 Stunden
Pro Portion
57 g E, 33 g F, 24 g KH = 651 kcal (2722 kJ)

Schupfnudeln

(Bubenspitzle)

Für 4 Portionen:
250 g Kartoffeln
Salz
1 Eigelb
60 g Mehl
1 El Speisestärke
Salz, Pfeffer (Mühle)
Muskatnuß (frisch gerieben)
Mehl zum Bearbeiten
50 g Butter

1. Die Kartoffeln ungeschält in Salzwasser garen, abschrecken, pellen und heiß durch die Presse drücken.

2. Die durchgedrückten Kartoffeln mit Eigelb, Mehl und Speisestärke verkneten. Den Teig mit Salz, Pfeffer und Muskat würzen.

3. Aus dem Teig auf der bemehlten Arbeitsfläche eine ca. 16 cm lange Rolle formen und in 32 Scheiben schneiden. Die Scheiben erst zu Kugeln, dann zu Rollen formen, die an beiden Enden spitz zulaufen.

4. Die Schupfnudeln in kochendes Salzwasser geben, kurz aufkochen und den Topf vom Herd nehmen. Wenn die Nudeln oben schwimmen, mit der Schaumkelle herausnehmen, in kaltem Wasser abschrecken und auf Küchenpapier abtropfen lassen.

5. Die Butter in einer Pfanne erhitzen. Die Schupfnudeln darin bei milder Hitze langsam goldbraun braten.

Die Schupfnudeln zum Hirschragout reichen.

Zubereiten: 1 Stunde
Pro Portion
4 g E, 13 g F, 25 g KH = 238 kcal (996 kJ)

Moritzburger Frischlingskeule

Für 6 Portionen:
1,5 kg Frischlingskeule (vom Händler die Knochen auslösen und zerkleinern lassen)
1 Zweig Rosmarin
50 g Zwiebeln (grob gewürfelt)
10 Wacholderbeeren
1/2 l leichter Rotwein
Salz, weißer Pfeffer (Mühle)
30 g Butterschmalz
100 g durchwachsener Speck (in Scheiben)
20–50 g geriebener Pfefferkuchen (richtet sich nach der Stärke des Aromas)
800 g Crème fraîche
50 g kalte Butter

1. Die Keule parieren: Haut und Sehnen wegschneiden und aufheben. Keule in eine passend große Schüssel legen. Rosmarin, Zwiebeln und Wacholder zugeben. Rotwein zugießen. Keule zugedeckt (aber nicht im Kühlschrank) mindestens 12 Stunden marinieren, dabei einmal umdrehen.

2. Keule aus der Marinade nehmen, trockentupfen, salzen und pfeffern. Beize durch ein Sieb gießen und 300 ml davon abmessen.

3. Butterschmalz im Bräter erhitzen, Keule darin bei starker Hitze rundherum kräftig anbraten. Die abgeschnittenen Häute und Sehnen in den Topf geben. Die Keule mit der geschlossenen Seite nach oben drehen und mit Speckscheiben belegen.

4. Keule im vorgeheizten Backofen auf der 2. Leiste v. u. bei 180 Grad etwa 40 Minuten braten (Gas 2–3, Umluft nicht geeignet). Danach aus dem Bräter nehmen und im ausgeschalteten Backofen warm halten.

5. Für die Sauce das Fett vom Bratfond abschöpfen. Bratfond in einem Topf mit der Marinade aufgießen und den Pfefferkuchen hineinstreuen. Die Sauce bei mittlerer Hitze auf zwei Drittel einkochen und anschließend durch ein feines Sieb gießen. Crème fraîche einrühren. Die kalte Butter mit dem Schneidstab nach und nach in kleinen Stücken unterarbeiten. Die Sauce salzen und pfeffern und noch einmal aufkochen lassen.

6. Die Keule in Scheiben schneiden, auf einer vorgewärmten Platte anrichten und mit der Sauce servieren.

Dazu sächsische Wickelklöße und Pfifferlinge reichen.

Zubereiten: 1 1/2 Stunden
Marinieren: mindestens 12 Stunden
Pro Portion
54 g E, 36 g F, 5 g KH = 590 kcal (2470 kJ)

Fasanenragout

Für 12 Portionen:
2 Fasane (à 750 g)
Salz, Pfeffer (Mühle)
150 g Butter
1/2 Bund Suppengrün
60 g Mehl
1 l Brühe
0,7 l Rotwein
1/4 l Weißweinessig
1 El Zucker
12 große Blätter von Roter Bete oder Broccoli
300 g blaue Weintrauben
500 g rosa Champignons
6 cl Weinbrand

1. Fasane waschen, mit Küchenpapier trockentupfen, innen und außen salzen und pfeffern. Mit 50 g weicher Butter bestreichen, in einen Bräter legen und bei 250 Grad für 10 Minuten in den Backofen geben (Gas 5, Umluft nicht empfehlenswert).

2. Inzwischen das Suppengrün putzen, waschen und würfeln, zu den Fasanen geben und 20 Minuten braten.

3. Die Fasane aus dem Ofen nehmen und abkühlen lassen. Sie sollen am Knochen noch intensiv rosa sein. Das Fleisch von den Knochen lösen, die Knochen kleinhacken.

4. In einem Bräter 50 g Butter bräunen. Die Knochen darin anrösten, das Mehl unter Rühren anschwitzen. Brühe und Wein zugießen, aufkochen und bei mittlerer Hitze in 1 Stunde auf die Hälfte einkochen lassen.

5. Essig mit 1/4 Liter Wasser und Zucker aufkochen, die Gemüseblätter 1 Minute blanchieren, abschrecken und grob zerschneiden.

6. Die Trauben häuten und entkernen. Die Pilze, wenn nötig, putzen, waschen und blättrig schneiden und in der restlichen Butter goldbraun braten.

7. Die Sauce durch ein Sieb gießen, mit Weinbrand flambieren, salzen und pfeffern. Das Fleisch (in mundgerechten Stücken) mit Pilzen, Trauben und Blättern darin erhitzen und servieren.

Zubereiten: 2 Stunden
Pro Portion etwa
32 g E, 14 g F, 13 g KH = 379 kcal (1586 kJ)

KUCHEN UND DESSERTS

Die schönsten deutschen Back- und Naschklassiker, in neue Form gebracht in der berühmten 2-Sterne-Patisserie von Johann Lafer und in der »e&t«-Versuchsküche

Biskuitrolle **

Für 15 Scheiben:
5 Eier (getrennt, Gewichtsklasse 2)
125 g Puderzucker (gesiebt)
125 g Mehl (gesiebt)
Salz
1 Tl fein abgeriebene Zitronenschale
Mark aus 1 Vanilleschote
Butter oder Öl fürs Backblech
450 g Aprikosenmarmelade
2–3 El Puderzucker zum Bestreuen

1. Das Eiweiß locker aufschlagen, bis es ungefähr das dreifache Volumen erreicht hat. Den Puderzucker zugeben. Die Masse weiter schlagen, bis sie cremig und fest ist.

2. Eigelb und 3 El Wasser mit der halben Menge Mehl, 1 Prise Salz, abgeriebener Zitronenschale und Vanillemark glattrühren.

3. Die Eigelbmasse mit der Eiweißmasse verrühren. Das restliche Mehl vorsichtig unterheben.

4. Ein Backblech mit Butter oder Öl einpinseln und mit Backpapier auslegen. Den Biskuitteig darauf verteilen und mit einer Palette glattstreichen.

Keine Probleme

Johann Lafer: Keine Angst vor Biskuitteig, der ist wirklich ganz unproblematisch. Der Teig bricht nur, wenn er austrocknet. Deshalb müssen Sie unbedingt das Backpapier wieder auflegen, während der Biskuit auskühlt.

5. Den Teig im vorgeheizten Backofen auf der 2. Einschubleiste von unten bei 200 Grad etwa 10 Minuten backen (Gas 3, Umluft 180 Grad).

6. In der Zwischenzeit die Aprikosenmarmelade im Topf leicht erwärmen und dabei glattrühren.

7. Ein Küchenhandtuch auf die Arbeitsfläche legen und mit Puderzucker bestreuen. Den fertigen Biskuit aus dem Ofen nehmen und die Ränder lösen.

8. Den Biskuit mit dem Papier abheben und mit der Teigoberfläche auf den Puderzucker legen. Das Papier vorsichtig abziehen und wieder auf den Teig legen, damit der Biskuit nicht austrocknet.

9. Wenn der Biskuit abgekühlt ist, das Papier entfernen. Die Marmelade auf den Teig streichen. Den Teig mit Hilfe des Handtuchs quer wie einen Strudel aufrollen. Die Biskuitrolle noch einmal mit Puderzucker besieben und erst kurz vor dem Servieren in Scheiben aufschneiden.

Zubereiten: 30 Minuten
Pro Scheibe
4 g E, 3 g F, 34 g KH = 181 kcal (758 kJ)

Bayerische Creme mit Himbeermark **

Für 8–10 Portionen:
300 g TK-Himbeeren
100 g Puderzucker
20 ml Himbeergeist
100 g Löffelbiskuit
60 ml Himbeerlikör
7–8 Blatt weiße Gelatine
1/2 l Milch
Salz
1 Vanilleschote
6 Eigelb
120 g Zucker
1/2 l Schlagsahne
einige frische Himbeeren zum Garnieren

1. Die Himbeeren auftauen, durch ein Sieb streichen. Den Puderzucker im Püree glattrühren und mit Himbeergeist würzen.

2. Die Löffelbiskuits kleinschneiden und mit dem Himbeerlikör tränken. Die Gelatine in kaltem Wasser einweichen.

3. Milch, 1 Prise Salz, die aufgeschlitzte Vanilleschote und das ausgekratzte Vanillemark im Topf aufkochen.

4. Eigelb mit Zucker verrühren und unter Rühren etwas heiße Milch zugeben. Die Eigelbmilch zügig in die Vanillemilch rühren, im heißen Wasserbad cremig aufschlagen, und vom Wasserbad nehmen.

5. Die Gelatine ausdrücken und in der Creme auflösen. Die Creme etwa 30 Minuten im Kühlschrank kalt stellen, bis sie anfängt zu gelieren.

6. Inzwischen die Sahne steif schlagen und dann unter die gekühlte Creme ziehen. Dabei die Löffelbiskuits mit einrühren.

7. Die Creme in eine Glasschüssel füllen. Das Himbeermark einlaufen lassen und mit einem Gummispatel kreisförmig durch die Creme ziehen (marmorieren).

8. Die Creme mit Klarsichtfolie zudecken und mindestens 3 Stunden im Kühlschrank durchkühlen lassen.

9. Die Creme vor dem Servieren mit einigen frischen Himbeeren belegen.

Zubereiten: 30 Minuten
Kühlen: 3 1/2 Stunden
Pro Portion (bei 10 Portionen)
8 g E, 23 g F, 38 g KH = 416 kcal (1741kJ)

Butter-Birnen-Streuselkuchen **

Für 1 Blech mit
16–20 Stücken:
Kalter Hefeteig
20 g Hefe
30 g Zucker
30 ml Milch
270 g Mehl
3 Eier (Gew.-Kl. 2)
200 g Butter
Salz
Mehl zum Bearbeiten
Belag
1,5 kg Birnen
2 El Zitronensaft
50 g Butter
50 g Zucker
1 Vanilleschote
100 g gemahlene Haselnüsse (ohne Fett geröstet)
Streusel
80 g Butter
100 g Mehl
50 g Zucker
1 Ei
etwas Zimtpulver

1. Für den Teig am Tag vorher die Hefe zerbröckeln und mit dem Zucker in lauwarmer Milch auflösen.

2. In einer Schüssel Mehl, Eier, Butter, 1 Prise Salz und die Hefemilch mit den Knethaken des Handrührers so lange verkneten, bis sich der Teig von den Haken löst.

3. Mit bemehlten Händen aus dem Teig eine Kugel formen, zudecken und über Nacht im Kühlschrank zu doppelter Größe aufgehen lassen.

4. Vor dem Backen die Birnen schälen, achteln, entkernen, mit Zitronensaft beträufeln.

5. Butter und Zucker in einer Pfanne schmelzen. Das Mark aus der aufgeschlitzten Vanilleschote auskratzen und unterrühren. Die Birnen unterrühren und sehr kurz andünsten (sie sollen nur aromatisiert, aber nicht gegart werden). Die Birnen in ein Sieb geben und über einer Schüssel abtropfen lassen.

6. Ein Backblech mit Backpapier auslegen. Den Teig mit bemehlten Händen noch einmal durchkneten, auf Mehl dünn ausrollen, das Blech damit auslegen. Teig mit einer Gabel gleichmäßig einstechen, 10 Minuten gehen lassen.

7. Inzwischen für die Streusel 50 g Butter, Mehl, Zucker, Ei, 1 Messerspitze Zimt und die halbe Menge Haselnüsse mischen. Den Teig zwischen den Fingern zu Streuseln verreiben.

8. Zuerst die restlichen Haselnüsse auf den Teig streuen, dann die Birnenspalten gleichmäßig darauf verteilen, mit Streuseln bestreuen und die restliche Butter in Flöckchen darauf setzen.

9. Das Blech im vorgeheizten Backofen auf der 2. Leiste von unten einsetzen. Den Kuchen bei 200 Grad 35–40 Minuten backen (Gas 3, Umluft 40 Min./180 Grad).

Zum Butter-Birnen-Streuselkuchen eventuell noch eine Zimtsahne servieren, für die Schlagsahne mit nicht zuviel Zimtpulver gewürzt wird.

Zubereiten: 1 3/4 Stunden
Kühlen: 8–12 Stunden
Pro Stück (20 Stücke)
5g E, 17 g F, 28 g KH = 294 kcal (1230 kJ)

Kalt gemacht

Johann Lafer: Der „kalte" Hefeteig ist eine geniale Erfindung. Er macht sich, über Nacht und im Kühlen, ganz von selbst. Erfunden wurde er vor langer Zeit von unseren Groß- und Urgroßmüttern, die einfach am Abend alle Zutaten zusammenkneteten und den Teig dann bis zum nächsten Morgen in den kühlen Keller brachten. Am Morgen hatte er sich zu doppelter Größe aufgefaltet - ganz ohne Wärme. Ich habe mein Rezept von Rudolf Steinert, dem Chef der »e&t«-Versuchsküche, in dessen Familie der Hefeteig seit Urzeiten „kalt gemacht" wird.
Kalter Hefeteig hat eine ganz andere Struktur als der, der im Warmen geht. Weil die Hefe sich bei niedriger Temperatur nur sehr langsam entwickelt, ist seine Porung um vieles feiner. Der kalte Hefeteig ist nach 12-15 Stunden fertig. Danach findet die Hefe keine Nahrung mehr und fängt an, sich selber aufzufressen.

Apfel-Halbgefrorenes **

Für 8–10 Portionen (1 l):
3 säuerliche Äpfel (350 g, Boskop oder Cox Orange)
2–3 El Zitronensaft
40 ml Apfelschnaps
130 g Zucker
75 ml Apfelsaft
3 Eiweiß
300 g geschlagene Sahne

1. Die Äpfel waschen, mit Schale in sehr dünne Streifen schneiden, mit Zitronensaft und Apfelschnaps marinieren.

2. Aus Zucker und Apfelsaft in einem Topf einen dunkelbraunen Sirup kochen.

3. In der Zwischenzeit das Eiweiß sehr schaumig aufschlagen. Den Apfelsirup in dünnem Strahl vorsichtig und trotzdem schnell unterschlagen. Weiterschlagen, bis die Creme kalt ist. Die marinierten Äpfel und die Schlagsahne unterheben.

4. Eine Terrinenform (1 1/2 l) großzügig mit einem aufgeschnittenen Gefrierbeutel auslegen. Die Parfaitmasse einfüllen, mit Folie zudecken und für mindestens 4 Stunden ins Gefrierfach stellen.

5. Die obere Folie abziehen. Die Form kurz unter heißes Wasser halten. Das Apfel-Halbgefrorene auf eine Servierplatte stürzen (die Folie ganz abziehen) und mit einem in heißes Wasser getauchten Messer vorsichtig in Scheiben schneiden.

Ein Gewürzapfel-Ragout dazu servieren (Rezept folgt).

Zubereiten: 30 Minuten
Kühlen: 4 Stunden
Pro Portion (10 Port.).
2 g E, 10 g F, 19 g KH = 184 kcal (770 kJ)

Gewürzapfel-Ragout **

Für 4 Gläser:
(à 300–400 ml Inhalt):
3/4 l Weißwein
3 El Granatapfelsirup
120 g Zucker
3 Zimtstangen
6 Gewürznelken
3 Sternanisköpfe
2 Vanilleschoten
5 El Zitronensaft
2–3 El Apfelschnaps
1 kg säuerliche Äpfel (Boskop oder Cox Orange)

1. Den Weißwein mit 300 ml Wasser, den Granatapfelsirup, Zucker, Zimtstangen, Nelken, Sternanis und aufgeschlitzten Vanilleschoten aufkochen, vom Herd nehmen und 30 Minuten ziehen lassen. Den Gewürzsud mit 2 El Zitronensaft und Apfelschnaps würzen.

2. Die Äpfel waschen, achteln, entkernen und in Spalten schneiden, mit dem restlichen Zitronensaft beträufeln, in saubere Einmachgläser füllen und mit dem Gewürzsud begießen. Die Gläser fest verschließen.

3. Einen Topf dick mit Zeitungspapier auslegen. Die Gläser hineinstellen, soviel heißes Wasser zugießen, daß die Gläser zu einem Drittel im Wasser stehen. Den Topf zudecken. Die Gewürzäpfel bei 80 Grad 20–30 Minuten sterilisieren.

Die Gewürzäpfel zum Apfel-Halbgefrorenen servieren.

Zubereiten: 1 1/2 Stunden
Pro Glas (400 ml)
1 g E, 1 g F, 68 g KH = 299 kcal (1245kJ)

Mohnkuchen mit Apfelspalten in Calvadossirup

Für 4–6 Portionen:
Kuchen
3 Eier (Gew.-Kl. 3)
abgeriebene Schale von 1 Zitrone (unbehandelt)
100 g Puderzucker
2 Pk. Vanillezucker
1 El Speisestärke
150 g Mohn (ungemahlen)
Butter für die Form
Kompott
3 El Zucker
6 El Calvados
2–3 El Zitronensaft
1 Apfel (150 g)
Zitronenmelisse zum Garnieren

1. Die Eier trennen. Das Eiweiß mit der Zitronenschale steif schlagen. Das Eigelb mit Puderzucker und Vanillezucker aufschlagen, die Speisestärke dazugeben. Die Hälfte vom Eischnee unterrühren. Den Mohn zugeben und das restliche Eiweiß unterheben.

2. Den Boden einer Springform (18 cm Ø) ausbuttern und den Teig in die Form geben.

3. Den Kuchen im vorgeheizten Backofen auf der 2. Einschubleiste von unten bei 150 Grad 40 Minuten backen (Gas 1, Umluft 35 Min./130 Grad).

4. Den Kuchen im spaltbreit geöffneten, ausgeschalteten Backofen abkühlen lassen.

5. Inzwischen für das Kompott Zucker, Calvados und Zitronensaft verrühren und bei milder Hitze aufkochen.

6. Den Apfel halbieren, entkernen und in 12 Spalten schneiden. Die Apfelspalten im Calvadossirup von jeder Seite 30 Sekunden dünsten. Das Kompott kalt stellen.

7. Das kalte Kompott auf Desserttellern anrichten. Den Mohnkuchen aus der Springform nehmen, in 4–6 Portionen teilen, neben das Kompott setzen und vor dem Servieren mit Zitronenmelisse garnieren.

Zubereiten: 1 Stunde
Pro Portion (6 Port.)
10 g E, 16 g F, 29 g KH = 341 kcal (1428 kJ)

Intensiver: gemahlen

»e&t«: Für das Dessert haben wir ungemahlenen Mohn verwendet. Wenn Sie den Mohngeschmack intensiver wünschen, kaufen Sie im Reformhaus frisch gemahlenen Mohn oder mahlen Sie ihn selbst in einer speziellen Mohnmühle. Da gemahlener Mohn schnell ranzig und bitter wird, sollten Sie ihn möglichst schnell verbrauchen. Für kurze Zeit können Sie ihn auch im Kühlschrank aufbewahren.

Heidelbeerquark mit Pistazienkrokant

Für 4 Portionen:
5 El Zucker
30 g geschälte Pistazien
1 El Öl (für das Backblech)
450 g frische Heidelbeeren (ersatzweise TK-Heidelbeeren)
500 g Sahnequark
1 Pk. Vanillezucker

1. 2 El Zucker in einem Topf bei mittlerer Hitze zu hellbraunem Karamel schmelzen lassen. Die Pistazien grob hacken und zugeben.

2. Ein Backblech mit Öl einpinseln, den Pistazienkrokant daraufstreichen und auskühlen lassen.

3. Inzwischen die Heidelbeeren verlesen, waschen, abtropfen lassen.

4. 300 g Heidelbeeren und 1 El Zucker mit 1/8 l Wasser bei milder Hitze 10-15 Minuten leise kochen lassen, mit dem Schneidstab fein pürieren und kalt stellen.

5. Den Quark mit dem restlichen Zucker und dem Vanillezucker mischen und kalt stellen.

6. Den Quark und das Heidelbeerpüree schichtweise in Gläser füllen und mit den restlichen Beeren garnieren. Die Gläser noch einmal kurz kalt stellen.

7. Kurz vor dem Servieren den Pistazienkrokant hacken und über die Heidelbeeren streuen.

Zubereiten: 40 Minuten
Kühlen: 1 Stunde
Pro Portion
16 g E, 21 g F, 42 g KH = 433 kcal (1817 kJ)

Knuspern, krachen

***»e&t«:** Der Krokant ist eine Süßigkeit aus Mandeln oder Nüssen, die in karamelisierten Zucker gemischt werden. Das Wort haben wir uns im 19. Jahrhundert aus dem Französischen geborgt. Hier heißt Knuspergebäck „croquant“. „Croquer“ wird übersetzt mit knuspern, krachen, womit das Geräusch beim Genießen gut beschrieben ist.*

Bienenstich mit Nougatfüllung **

Für 12 Stücke (Springform mit 32 cm Ø):

Füllung
200 g Vollmilch-Kuvertüre
200 g Nougat
2 Eier (Gew.-Kl. 2)
6 Blatt weiße Gelatine
600 ml Schlagsahne

Hefeteig
30 g Zucker
30 g Hefe
175 ml lauwarme Milch
375 g Mehl
1 Ei
Salz
abgeriebene Schale von 1 Zitrone (unbehandelt)
60 g zimmerwarme Butter

außerdem
Mehl zum Bearbeiten
Butter und Semmelbrösel für die Form

Belag
100 g Butter
100 g Zucker
200 ml Schlagsahne
3 El Heidehonig
300 g Mandelblättchen
20 g Orangeatwürfel
20 g Zitronatwürfel

1. Kuvertüre und Nougat zerkleinern und zusammen über dem Wasserbad schmelzen.

2. Die Eier verrühren und über dem Wasserbad schaumig aufschlagen. Die flüssige Nougatmischung hineingeben und gut durchrühren.

3. Die Gelatine in kaltem Wasser einweichen, tropfnaß im Topf bei milder Hitze auflösen und in die Eier-Nougat-Mischung geben.

4. Die Sahne halbsteif schlagen und unter die Creme ziehen. Die Creme zudecken und 3 Stunden kalt stellen.

5. Für den Teig Zucker und zerbröckelte Hefe in der lauwarmen Milch auflösen. 100 g Mehl einrühren. Den Vorteig zudecken und an einem warmen Platz 15 Minuten gehen lassen.

6. Das restliche Mehl mit dem Ei, 1 Prise Salz, Zitronenschale, Butter und dem Vorteig in einer Schüssel zu einem glatten Teig verkneten. Den Teig zugedeckt an einem warmen Platz in etwa 30 Minuten zu doppelter Größe aufgehen lassen.

7. Den Teig noch einmal auf der bemehlten Arbeitsfläche zusammenkneten und dann auf die Größe der Form ausrollen.

8. Die Form ausbuttern, mit Semmelbröseln ausstreuen, den Teig hineinlegen und am Rand etwa 2 cm hoch andrücken.

9. Für den Belag Butter, Zucker und Schlagsahne kochen. Honig, Mandelblättchen, Orangeat und Zitronat unterrühren. Die Masse 5 Minuten kochen lassen.

10. Die zähflüssige Mandelmasse gleichmäßig auf dem Teig verteilen. Den Teig noch einmal 30 Minuten gehen lassen.

11. Den Kuchen im vorgeheizten Backofen auf der 2. Einschubleiste von unten bei 200 Grad 30–35 Minuten backen (Gas 3, Umluft 25 Min./180 Grad).

12. Kuchen anschließend in der Form etwas auskühlen lassen, herausnehmen und mit einem langen Messer quer durchschneiden. Die obere Kuchenhälfte (mit den Mandeln) in 12 gleich große Stükke schneiden.

13. Die Nougatcreme gleichmäßig auf der unteren Hälfte verteilen. Die einzelnen Stükke daraufsetzen und leicht andrücken. Den Bienenstich servieren.

Zubereiten: 2 Stunden
Kühlen: 3 Stunden
Pro Stück
15 g E, 59 g F, 67 g KH = 879 kcal (3686 kJ)

Ein Hauch Süden

Johann Lafer: Ein frischer, fast noch warmer Bienenstich gehört zu den schönsten Taten in deutschen Backstuben. Ich hab mich gefragt, wie er wohl schmeckt, wenn man ihn mit einer sanften Nougatcreme füllt und den Bienenstich selbst, den Belag also, durch Orangeat und Zitronat fast sizilianisch gestaltet.

Grießflammeri **

Für 4–6 Portionen:
1/2 l Milch
200 g Zucker
1 Vanilleschote
80 g Grieß
2 Eier (getrennt)
7 Blatt weiße Gelatine
50 ml Orangenlikör (Grand Marnier)
300 ml Schlagsahne

1. Die Milch mit 160 g Zucker und der aufgeschlitzten Vanilleschote aufkochen. Den Grieß einrieseln lassen und unter Rühren 5 Minuten kochen, bis er richtig durchgequollen und zähflüssig und breiig ist. Den Grießflammeri in eine Schüssel umfüllen. Das Eigelb unterrühren.

2. Die Gelatine in kaltem Wasser einweichen. Den Likör leicht erwärmen, die ausgedrückte Gelatine darin auflösen und unter Rühren in den noch warmen Grießflammeri laufen lassen. Den Flammeri im Kühlschrank kalt stellen, bis er anfängt, am Rand zu stocken.

3. Die Sahne steif schlagen. Das Eiweiß mit dem restlichen Zucker aufschlagen. Zuerst die Sahne, dann das Eiweiß unter den Grießflammeri heben. Den Flammeri in eine Gugelhupfform (1 l Inhalt) füllen und 3 Stunden kalt stellen.

4. Den Grießflammeri vor dem Servieren aus der Form stürzen und mit einem saftigen Beerenkompott servieren (Rezept folgt).

Zubereiten: 20 Minuten
Kühlen: 3 Stunden
Pro Portion (6 Port.)
10 g E, 21 g F, 50 g KH = 485 kcal (1915 kJ)

Beerenkompott **

Für 4–6 Portionen:
1 kg TK-gemischte Beeren
100 ml Fliederbeersaft
2 Sternanisköpfe
4 Gewürznelken
2 Zimtstangen
250 g Zucker
1–2 El Speisestärke

1. Die Beeren auf einem Blech auftauen lassen.

2. Den Fruchtsaft von den Beeren, den Fliederbeersaft und 50 ml Wasser in einen Topf geben.

3. Sternanis, Nelken und Zimt in ein Gewürzsäckchen aus Mull binden, in den Fruchtsaft hängen und 10 Minuten kochen lassen.

4. Inzwischen den Zucker in einem Topf leicht karamelisieren. Den Fruchtsaft (ohne Gewürzsäckchen) und ein Drittel der Beeren unterrühren und aufkochen.

5. Die Speisestärke mit etwas Wasser verrühren, in den Sud gießen und 30 Sekunden kochen lassen.

6. Die restlichen Beeren zugeben und einmal aufkochen lassen. Das Kompott abkühlen lassen und dann zum Grießflammeri servieren.

Zubereiten: 15 Minuten
Auftauen und Kühlen: 1Stunde
Pro Portion (6. Port.)
2 g E, 1 g F, 61 g KH = 260 kcal (1086 kJ)

Grießflammeri

Johann Lafer: Ein Grießflammeri ist das, was Sie einen Grießpudding nennen würden. Nur: Ein echter Pudding wird sanft im Wasserbad gegart, während der Flammeri direkt aus dem Topf kommt. Mein Flammeri ist besonders locker und aromatisch, weil ich sehr viel Schlagsahne unter den Grießbrei gezogen und ihn mit blumigem Orangenlikör gewürzt habe.

Eierlikör-Torte

Für 8–10 Stücke:
<u>Teig</u>
400 g Butter (gekühlt)
400 g Mehl
1 Tl Zucker
Salz
160 g saure Sahne (stichfest)
Mehl zum Ausrollen
<u>Füllung und Dekoration:</u>
4 Eigelb (Gew.-Kl. 2)
55 g Speisestärke
3/4 l Milch
100 g Zucker
Salz
400 g Aprikosenkonfitüre
150 ml Eierlikör
1 El Puderzucker

1. Für den Teig die Butter grob würfeln. Mehl, Zucker, 1 Prise Salz und saure Sahne in eine Schüssel geben. Die Butterwürfel daraufgeben und alle Zutaten zu einem Teig verkneten. Den Teig zu einer Kugel formen, in Klarsichtfolie wickeln und 1 1/2 Stunden in den Kühlschrank legen.

2. Für die Creme Eigelb, Speisestärke und 1/8 l Milch mit dem Schneebesen glattrühren. Die restliche Milch mit Zucker und 1 Prise Salz zum Kochen bringen. Die Stärke-Eigelb-Mischung mit dem Schneebesen in die kochende Milch rühren. Die Mischung 1–2 Minuten aufkochen lassen, dabei ständig kräftig rühren, damit das Eigelb nicht gerinnt.

3. Die Mischung in eine Schüssel umfüllen und ganz kalt werden lassen. Dabei gelegentlich umrühren, damit sich keine Haut bildet. Nochmals 20-25 Minuten im Kühlschrank gut durchkühlen lassen.

4. Den Teig in 5 gleich große Teile schneiden. Jedes Teigstück auf der bemehlten Arbeitsfläche möglichst rund zu einem Boden von 26 cm Ø ausrollen. Mit einem Springformring in Form bringen (überstehenden Teig wieder mitverwenden).

5. Die Böden auf Backbleche legen, mit einer Gabel dicht an dicht einstechen und etwa 45 Minuten ruhenlassen.

6. Jeden Boden im vorgeheizten Backofen bei 200 Grad auf der 2. Einschubleiste von unten 15 Minuten goldbraun backen (Gas 3, Umluft 15 Minuten bei 180 Grad).

7. Die Aprikosenkonfitüre mit 4 El Wasser in einen Topf geben, die Fruchtstücke mit dem Schneidstab zerkleinern. Die Konfitüre 3–4 Minuten kochen.

8. Die Böden sofort nach dem Backen dünn mit der heißen Konfitüre bepinseln und nebeneinanderliegend auskühlen lassen.

9. Den Eierlikör mit einem Schneebesen unter den kalten Pudding rühren.

10. Einen Boden mit der bestrichenen Seite nach oben auf eine Kuchenplatte legen und 1/4 der Creme fast bis zum Rand darauf verstreichen. Den 2. Boden leicht daraufdrücken, so daß die Creme bis zum Rand herausgedrückt wird. Die Torte auf diese Weise zusammensetzen, den 5. Boden mit der bestrichenen Seite nach unten als Abschluß daraufdrücken und leicht mit Puderzucker bestäuben.

Zubereiten: 1 1/4 Stunden
Kühlen: 1 1/2 Stunden
Pro Stück (10 Stücke)
10 g E, 42 g F, 81 g K = 790 kcal (3302 kJ)

Schlosserbuben **

Für 6 Portionen:
18 getrocknete Pflaumen (entkernt)
50 g Marzipanrohmasse
30 g Puderzucker
1 cl Kirschwasser
50 g Speisestärke
Weinteig
2 Eier (getrennt)
60 ml Weißwein
1 El Pflanzenöl
70 g Mehl
1 Tl Zucker
Salz
außerdem
1/2 l Öl zum Fritieren
25 g Zucker
50 g Bitter-Kuvertüre (geraspelt)

1. Die Marzipanrohmasse mit Puderzucker und Kirschwasser verkneten.

2. Die Marzipanmasse in die Pflaumen füllen. Die Pflaumen in der Speisestärke wenden und einzeln auf Schaschlikspieße stecken.

3. Für den Weinteig das Eigelb mit Weißwein, Pflanzenöl und Mehl verrühren. Das Eiweiß mit Zucker und 1 Prise Salz steif schlagen und unterheben.

4. Das Öl in einem hohen Topf stark erhitzen. Die Pflaumen durch den Weinteig ziehen und ins heiße Fett geben, bis sie goldbraun sind. An den Spießen rausnehmen, auf Küchenpapier abtropfen lassen.

5. Den Zucker mit der Bitter-Kuvertüre mischen. Die Pflaumen darin wenden.

Die heißen Schlosserbuben mit einer Mandelsauce servieren (Kochanweisung folgt).

Zubereiten: 50 Minuten
Pro Portion
6 g E, 19 g F, 42 g KH = 382 kcal (1599 kJ)

Mandelsauce **

Für 6 Portionen 50 g Mandelblättchen ohne Fett goldbraun rösten, mit 1/4 l Milch und 40 g Zucker aufkochen, mindestens 30 Minuten durchziehen lassen.
6 Eigelb in einer Schüssel verrühren. Die kalte Mandelmilch zugießen, über dem Wasserbad cremig aufschlagen und auf Eiswasser kalt schlagen.
Die Sauce mit 2 cl Mandellikör würzen und zu den Schlosserbuben servieren.

Honigeis-Parfait **

Für 4 Portionen:
9 Eigelb (Gew.-Kl. 2)
200 g Lavendelhonig
1/2 l Schlagsahne

1. Das Eigelb mit dem Honig im Schlagkessel über dem heißen Wasserbad in 5 Minuten cremig-schaumig aufschlagen, vom Wasserbad nehmen und kalt schlagen.

2. Die Sahne steif schlagen und unter die Parfaitmasse geben.

3. Die Parfaitmasse in eine Gugelhupfform (1 1/4 l Inhalt) füllen, mit Klarsichtfolie zudecken und mindestens 6 Stunden (am besten: über Nacht) ins Gefrierfach stellen.

4. Die Form vor dem Anrichten kurz in heißes Wasser tauchen. Das Parfait stürzen und mit einer Beerensauce (Rezept folgt) anrichten.

Zubereiten: 20 Minuten
Kühlen: 6 Stunden
Pro Portion
12 g E, 58 g F, 42 g KH =759 kcal (3178 kJ)

Beerensauce **

Für 4 Portionen:
250 g TK-Beerenmischung (oder Waldbeeren)
2 El Zucker
4 cl brauner Rum

1. Die Beeren unaufgetaut mit dem Zucker in einem Topf bei milder Hitze erwärmen (damit sie nicht anbrennen.)

2. Die Beeren dann bei stärkerer Hitze 15 Minuten kochen und anschließend durch ein Sieb streichen.

3. Die Beerensauce mit dem braunem Rum würzen, zum Honigeis-Parfait servieren.

Zubereiten: 25 Minuten
Pro Portion
1 g E, 0 g F, 14 g KH = 85 kcal (354 kJ)

Kraftvoll und aromatisch

Johann Lafer: Ein eiskaltes Dessert, das wirklich schnell zubereitet ist. Seine Raffinesse kommt allerdings nur zur Geltung, wenn Sie einen wirklich guten, aromatischen Honig verwenden. Ich selbst nehme einen kraftvollen Heidehonig, weil ich finde, daß dessen schöner, dunkler Aromaton am besten paßt.

Käsekuchen **

Für 6–8 Portionen:
<u>Teig</u>
120 g Weizenstärke
200 g Mehl
1 TL Salz
1 Ei (Gew.-Kl.2)
1 Eigelb (Gew.-Kl.2)
1/2 Tl Backpulver
120 g Puderzucker
1/2 Tl Salz
Mehl zum Arbeiten
Fett für die Form
gesiebter Puderzucker zum Bestreuen
<u>Füllung</u>
200 g Zucker
100 g Mehl
1 Paket Vanillezucker
100 ml Milch
5 Eier (getrennt)
800 g Magerquark
abgeriebene Schale von 1 Zitrone (unbehandelt)
300 g Schlagsahne
Salz

1. Alle Zutaten für den Mürbeteig in eine Schüssel geben und mit bemehlten Händen (oder dem Handrührer) zu einem glatten Teig verkneten.

2. Den Mürbeteig zwischen einer bemehlter Klarsichtfolie 3 mm dünn ausrollen. Eine Springform (28 cm Ø) ausfetten. Den Boden mit Backpapier auslegen. Den Teig hineinlegen, am Rand bis zu 3/4 der Höhe andrücken.

3. Für die Füllung Zucker, Mehl, Vanillezucker und Milch zu einer zähflüssigen Masse verrühren. Eigelb, Magerquark und die abgeriebene Zitronenschale unterrühren.

4. Sahne steif schlagen. Eiweiß mit 1 Prise Salz steif schlagen. Sahne und Eiweiß unter die Füllung ziehen.

5. Die sehr flüssige Füllung in die Form gießen (bis kurz unter den Teigrand).

6. Die Form im vorgeheizten Backofen auf der 2. Leiste v. u. einsetzen. Den Kuchen bei 170 Grad 50 Minuten backen (Gas 1–2, Umluft nicht empfehlenswert).

7. Die Form nach 15 Minuten aus dem Ofen ziehen. Die aufgegangene Füllung mit einem Messer am Rand rundherum einritzen, damit die Spannung rausgeht.

8. Einen 2. Springformrand auf die Form aufsetzen. Den Kuchen zu Ende backen.

9. Den fertig gebackenen Kuchen in der Form mindestens 3 Stunden abkühlen lassen, erst dann aus der Form nehmen und beim Anrichten mit durchgesiebtem Puderzucker bestäuben.

Dazu ein flambiertes Birnenkompott servieren.

Zubereiten: 2 Stunden
Abkühlen: 3 Stunden
Pro Portion (8 Port.)
26 g E, 20 g F, 92 g KH =672 kcal (2809 kJ)

Aufgestockt

Johann Lafer: Das Rezept für diesen wunderbaren Käsekuchen verdanke ich einer alten Dame aus Guldental. Der Trick mit dem später aufgesetzten zweiten Springformrand ist einfach genial. Die Quarkfüllung kann viel höher aufgehen und darum auch nicht mehr, wie sonst so manches Mal, bis fast auf den Tortenboden zusammenfallen. Wichtig außerdem: Dieser Mürbeteig muß nicht mehr ruhen, er kann gleich verarbeitet werden, weil er längst nicht soviel Butter enthält wie sonst üblich.

Flambiertes Birnenkompott **

Für 6–8 Portionen:
500 g Birnen (am besten Williamsbirnen)
Saft von 1 Zitrone
50 g Butter
60 g Zucker
100 ml Orangensaft (frisch ausgepreßt)
150 ml Weißwein
Mark aus 1 Vanilleschote
4 cl Birnengeist

1. Die Birnen schälen, entkernen, in Spalten schneiden und mit etwas Zitronensaft beträufeln.

2. Die Butter mit dem Zucker in einer Pfanne schmelzen. Die Birnen ohne den Zitronensaft zugeben und darin andünsten.

3. Orangensaft, Weißwein und die Flüssigkeit von den Birnen zugießen. Die Birnen in 10 Minuten bißfest garen.

4. Kurz vor dem Servieren das Vanillemark unterrühren. Den Birnengeist zugießen und flambieren.

Das flambierte Birnenkompott zum Käsekuchen servieren.

Zubereiten: 40 Minuten
Pro Portion
0 g E, 5 g F, 16 g KH = 127 kcal (531 kJ)

KUCHEN UND DESSERTS

Butter-Baba **

Für 6–8 Portionen:
Teig
40 g Hefe
1/4 l Milch
80 g Zucker
500 g Mehl
5 Eier
Mark aus 1 Vanilleschote
1 Tl abgeriebene Zitronenschale (unbehandelt)
Salz
200 g Butter
Öl für die Form
50 g Mandelblättchen
Tränkflüssigkeit
0,7 l Gewürztraminer
250 g Zucker
1 Zimtstange
Saft und Schale von je
1 Orange und Zitrone
Mark aus 1 Vanilleschote
außerdem
100 g getrocknete Aprikosen
30 g Zucker
1–2 El Granatapfelsirup
40 ml Aprikosenbrand

1. Die Hefe in einer Schüssel mit der lauwarmen Milch und dem Zucker auflösen. 100 g Mehl darin glattrühren. Den Vorteig zugedeckt an einem warmen Platz 15 Minuten gehen lassen.

2. Das restliche Mehl in eine Schüssel sieben. Eier, Vanillemark, Zitronenschale, 1 Prise Salz und den gegangenen Vorteig dazugeben und zu einem glatten Teig verkneten. Zum Schluß die handwarme Butter mit einarbeiten. Den Teig in 45 Minuten noch einmal zu doppelter Größe aufgehen lassen.

3. Inzwischen eine Reisrandform (28 cm Ø) mit Öl einpinseln und mit Mandelblättchen ausstreuen. Den Teig einfüllen und zugedeckt 20 Minuten gehen lassen.

4. Den Teig im vorgeheizten Backofen auf der 2. Einschubleiste von unten bei 160 Grad 30-40 Minuten backen (Gas 1, Umluft 30 Min./180 Grad).

5. Inzwischen für die Tränkflüssigkeit den Wein mit Zucker, Zimt, Saft und Schale von Zitrone und Orange und Vanillemark aufkochen, abkühlen lassen und durch ein Haarsieb gießen.

6. Ein Kuchengitter in eine Saftpfanne stellen. Den Kuchen darauf stürzen und sofort mit der Tränkflüssigkeit begießen. Diesen Vorgang so oft wiederholen, bis der Kuchen die Flüssigkeit völlig aufgesogen hat.

7. Inzwischen die Aprikosen mit 50 ml Wasser und Zucker 10 Minuten kochen, mit Granatapfelsirup und Aprikosenbrand würzen.

8. Die abgekühlten Aprikosen mit der Sauce auf die Baba geben und einen Gewürztraminer-Sabayon (Rezept folgt) dazu servieren.

Zubereiten: 1 Stunde
Zeit zum Gehen für den Teig: 80 Minuten
Pro Portion (8 Port.)
16 g E, 32 g F,105 g KH = 846 kcal (3540 kJ)

Gewürztraminer-Sabayon **

Für 6–8 Portionen:
8 Eigelb
300 ml Gewürztraminer
60 g Zucker
2–3 El Zitronensaft
evtl. 1 Tl Gewürztraminer-Trester

1. In einer Rührschüssel Eigelb, Wein, Zucker und Zitronensaft verrühren und über dem Wasserbad mit dem Schneebesen sehr cremig aufschlagen.

2. Den Sabayon eventuell noch mit Trester würzen und warm zur Baba servieren.

Zubereiten: 15 Minuten
Pro Portion (8 Port.)
4 g E, 8 g F, 9 g KH = 151 kcal (633 kJ)

Russische Ostern

Johann Lafer: Die Baba ist einerseits ein russisches Großmütterchen und andererseits ein alter russischer Osterkuchen, dessen Rezept in Frankreich verfeinert und dem Gastrosophen Brillat-Savarin gewidmet wurde. Die berühmteste Baba ist die Baba au rhum. Bei meiner Baba habe ich den Hefeteig durch reichliche Zugabe von Butter geschmeidiger gemacht. Wenn Sie Kinder zu Gast haben, tränken Sie die Baba besser nicht, sondern überziehen sie nur mit einer dicken weißen Zuckerglasur.

Gefüllte Äpfel mit Karamelsauce

Für 6 Portionen:
1/4 l trockener Weißwein
100 g Zucker
2 El Zitronensaft
6 Äpfel (möglichst gleich große, 1,25 kg)
70 g Butter
125 g Puderzucker
2 El Calvados (Apfelbrand)
200 g Magerquark
2 Eier (getrennt)
1 Tl dünn abgeriebene Zitronenschale (unbehandelte Frucht)
Salz

1. Weißwein, 50 g Zucker und Zitronensaft aufkochen.

2. Äpfel schälen, mit einem Apfelausstecher großzügig ausstechen und entkernen.

3. Äpfel im Weinsud bei mittlerer Hitze zugedeckt 10 Minuten pochieren, aus dem Sud nehmen und abtropfen lassen. Den Sud auf die Hälfte einkochen.

4. Eine passend große feuerfeste Form mit 20 g Butter ausfetten und die ausgehöhlten Äpfel hineinsetzen.

5. Puderzucker karamelisieren, mit Weinsud ablöschen, so lange aufkochen, bis sich der Karamel gelöst hat. Die Sauce kalt werden lassen und mit Calvados würzen.

6. Quark ausdrücken, mit Eigelb, Zitronenschale, 1 Prise Salz und der restlichen weichen Butter glattrühren. Eiweiß mit restlichem Zucker steif schlagen, unter die Quarkmasse ziehen, in einen Spritzbeutel (große Lochtülle) geben und in die Äpfel spritzen.

7. Die Äpfel im vorgeheizten Backofen auf der 2. Leiste v. u. bei 200 Grad 25–30 Minuten garen, nach 10–12 Minuten mit Alufolie abdecken (Gas 3, Umluft 15–20 Min./200 Grad).

8. Die Äpfel mit der Karamelsauce servieren.

Zubereiten: 1 Stunde
Pro Portion
8 g E, 13 g F, 63 g KH = 415 kcal (1733 kJ)

Geeiste Berliner Luft mit Weißbier-Sabayon

Für 10 Portionen:
4 1/2 Blatt weiße Gelatine
550 g Himbeeren
160 g Zucker
4 El Himbeergeist
3 unbehandelte Zitronen
10 Eigelb (Gew.-Kl. 2)
450 ml Schlagsahne
50 g brauner Rohrzucker
100 ml Berliner Weiße
3 El brauner Rum
50 ml Apfelsaft
Mark aus 1 Vanilleschote

1. 2 1/2 Blatt Gelatine in kaltem Wasser einweichen. 330 g Himbeeren und 60 g Zucker fein pürieren und durch ein Sieb streichen. Gelatine ausdrücken, in lauwarmem Himbeergeist auflösen, schnell ins Püree rühren, 20 Minuten ins Gefrierfach stellen.

2. Eine Kuppelform (1 l Inhalt) mit Frischhaltefolie auslegen. Von 2 Zitronen die Schale abreiben und insgesamt 12 El Saft auspressen. Restliche Gelatine einweichen.

3. Zitronensaft und -schale, restlichen Zucker und 6 Eigelb über heißem Wasserdampf in 10 Minuten cremig aufschlagen. Gelatine ausdrücken, unter Rühren darin auflösen und fast ganz abkühlen lassen. Sahne steif schlagen, unter die Masse heben.

4. Himbeerpüree durchrühren. Zuerst etwas Parfaitmasse, dann etwas Himbeerpüree in die Kuppelform einschichten. Den Vorgang wiederholen, so daß 4 Parfait- und 3 Püreeschichten entstehen. Das Parfait über Nacht gefrieren lassen.

5. 20 Minuten vor dem Servieren die Kuppelform stürzen, nach dem Antauen mit der Folie abheben.

6. Restliches Eigelb mit Rohrzucker, Bier, Rum, Apfelsaft und Vanillemark über dem heißen Wasserbad in 10 Minuten schaumig schlagen.

7. Das Parfait in Scheiben mit den restlichen Himbeeren und dem Sabayon anrichten.

Zubereiten: 1 Stunde
Kühlen: 8-12 Stunden
Pro Portion
7 g E, 22 g F, 27 g KH = 368 kcal (1542 kJ)

Karamelisierter Apfelpfannkuchen **

Für 4 Portionen:
Teig
170 g Mehl
40 g Zucker
etwas abgeriebene Orangen- und Zitronenschale (unbehandelt)
2 Msp. Backpulver
Salz 4 Eier
100 g flüssige Butter
60 ml Milch
außerdem
4 mittelgroße Äpfel (Boskop)
120 g Butter
4 Tl Zucker
8 cl Apfelbrand

1. Für den Teig Mehl, 20 g Zucker, Orangen- und Zitronenschale, Backpulver, 1 Prise Salz, Eier, flüssige Butter und Milch in einer Schüssel glattrühren und 15 Minuten ausquellen lassen.

2. Die Äpfel schälen, vierteln, entkernen und in dünne Spalten schneiden.

3. Pro Pfannkuchen 20 g Butter in einer Pfanne zerlaufen lassen. Spalten von 1 Apfel kreisförmig einlegen. Den Teig mit einem Eßlöffel dünn darüber verteilen. Den Pfannkuchen bei mittlerer Hitze langsam braten, bis der Boden goldbraun ist.

4. Den Pfannkuchen am Rand etwas lockern. 1 Tl Zucker und 10 g Butter unter den Teig schieben. Den Pfannkuchen auf der Herdplatte karamelisieren, dabei die Pfanne leicht durchschwenken. Zum Schluß 2 cl Apfelbrand am Pfannenrand unter den Pfannkuchen gießen.

5. Einen Dessertteller auf die Pfanne legen, die Pfanne umdrehen, den Pfannkuchen dadurch auf den Teller stürzen. Den Backvorgang noch dreimal wiederholen. Die fertigen Pfannkuchen zugedeckt im Backofen warm halten.

6. Die karamelisierten Apfelpfannkuchen mit einer Vanillesauce servieren (Rezept folgt).

Zubereiten: 1 1/2 Stunden
Pro Portion
14 g E, 54 g F, 71 g KH = 874 kcal (3655 kJ)

Vanille-Sabayon **

Für 4 Portionen:
1/4 l Milch
1/4 l Schlagsahne
100 g Zucker
1 Vanilleschote
6 Eigelb

1. Die Milch mit Schlagsahne, Zucker und der aufgeschlitzten Vanilleschote aufkochen und abkühlen lassen.

2. Inzwischen in einem Rührkessel das Eigelb verrühren. Nach und nach die abgekühlte Milch einlaufen lassen. Die Sauce im heißen Wasserbad cremig aufrühren, durch einen Sieb in einen anderen Topf umgießen und abkühlen lassen.

Den Vanille-Sabayon zu den karamelisierten Apfelpfannkuchen servieren.

Zubereiten: 30 Minuten
Pro Portion
10 g E, 34 g F, 30 g KH = 481 kcal (2013 kJ)

Scheiterhaufen **

Für 4 Portionen:
500 g Hefezopf (altbacken, oder Toastbrot)
2 Vanilleschoten
30 g Rosinen
20 ml Rum
30 g Mandelblättchen
4 Äpfel
1-2 Tl Zitronensaft
200 g Butter
140 g Zucker
1/2 Tl Zimtpulver
Butter für die Form
Eierguß
1/2 l Milch
3 Eier
3 Eigelb
Mark aus 1 Vanilleschote
50 g Zucker
abgeriebene Schale von je 1 Orange und Zitrone (unbehandelt)
20 g Zimtzucker
10 g Butter
Puderzucker (gesiebt) zum Bestäuben

1. Den Hefezopf in 1 cm dicke Scheiben schneiden. Das Mark aus den Vanilleschoten auskratzen. Die Rosinen in Rum einweichen. Die Mandelblättchen ohne Fett in einer Pfanne goldbraun rösten.

2. Die Äpfel schälen, vierteln, entkernen, in Spalten schneiden und mit Zitronensaft beträufeln.

3. In einer Pfanne jeweils 40 g Butter erhitzen. Je 1/4 Mark aus 1 Vanilleschote und je 20 g Zucker unterrühren. Die Brotscheiben in 4 Portionen darin von beiden Seiten anbraten, hinterher auf Küchenpapier abtropfen lassen.

4. In einer 2. Pfanne 40 g Butter erhitzen, 20 g Zucker, das Mark aus 1 Vanilleschote und 1 Msp. Zimt unterrühren. Die Äpfel darin anbraten. Die Pfanne zur Seite ziehen.

5. Eine passend große Auflaufform (27 x 27 cm) ausbuttern. 40 g Zucker mit Zimtpulver mischen, die Form damit ausstreuen. Abwechselnd Brot und Äpfel einschichten.

6. Für den Eierguß Milch, Eier und Eigelb, Vanillemark, Zucker, Orangen- und Zitronenschale verrühren. Die Milch in die Form gießen. Den Auflauf mit Zimtzucker bestreuen und mit Butter in Flöckchen belegen.

7. Die Form im vorgeheizten Backofen auf der 2. Leiste v. u. einsetzen. Den Auflauf bei 200 Grad 45 Minuten backen (Gas 3, Umluft 30–40 Min./180 Grad). Wenn er zu braun wird, in den letzten Minuten mit Alufolie abdecken.

8. Den Scheiterhaufen mit Puderzucker besieben und in der Form servieren. Eine Zimt-Karamelsauce dazu reichen (Rezept folgt).

Zubereiten:.1 1/2 Stunden
Pro Portion
24 g E, 66 g F, 138 g KH = 1271 kcal (5316 kJ)

Zimt-Karamelsauce **

Für 4 Portionen:
1/2 l Schlagsahne
2 Zimtstangen
100 g Zucker

1. Die Schlagsahne in einem Topf mit den Zimtstangen aufkochen, vom Herd nehmen und 1 Stunde ziehen lassen.

2. Den Zucker im Topf karamelisieren lassen, mit der Zimtsahne ablöschen und bei milder Hitze und unter Rühren die Hälfte einkochen lassen. Den Zimtkaramel vom Herd nehmen und abkühlen lassen.

3. Vor dem Servieren die Zimtstange entfernen. Den Zimtkaramel mit einem Mixstab schaumig aufmixen und zum Scheiterhaufen servieren.

Zubereiten: 20 Minuten
Abkühlen und Durchziehen: 1 1/2 Stunden
Pro Portion
3 g E, 40 g F, 29 g KH = 496 kcal (2078 kJ)

Aus alt mach neu

Johann Lafer: Dieser süße Auflauf aus altem Brot und reifen Äpfeln ist ein echter Klassiker der deutschen Regionalküche. Ich habe ihm eine herbe Zimt-Karamel-Sauce aus meiner 2-Sterne-Patisserie zugesellt.

Erdbeertörtchen

Für 10 Stück:
Makronenmasse
400 g Marzipanrohmasse
130 g Zucker
2 Eier (Gew.-Kl. 2)
50 g Mehl
Zitronencreme
4 Blatt weiße Gelatine
2 Zitronen (unbehandelt)
2 Eigelb (Gew.-Kl. 2)
50 g Zucker
1/4 l Schlagsahne
Belag
500 g Erdbeeren
100 g rotes Johannisbeergelee

1. Marzipanrohmasse mit Zucker verkneten. Eier nach und nach untermischen. Mehl unterrühren. Masse 30 Minuten quellen lassen.

2. Ein Backblech mit Backpapier belegen, im Abstand von 6 cm 10 Kreise (8 cm Ø) markieren.

3. Die halbe Menge Makronenmasse in einen Spritzbeutel (Lochtülle 6) geben. Spiralen in die Kreise spritzen.

4. Restliche Masse in den Spritzbeutel (Sterntülle 6) geben. Auf den Rand der Spiralen kleine Rosetten setzen.

5. Die Törtchen im vorgeheizten Backofen auf der 2. Leiste v. u. bei 200 Grad 20 Minuten backen (Gas 3, Umluft 15 Min./160 Grad). Die Törtchen auf ein Kuchengitter legen, in der Mitte etwas eindrücken und auskühlen lassen.

6. Gelatine in kaltem Wasser einweichen. Von 1 Zitrone die Schale dünn abreiben, beide Früchte auspressen.

7. Eigelb, Zucker, 4 El Zitronensaft und die Zitronenschale im heißen Wasserbad mit den Quirlen des Handrührers dicklich-cremig aufschlagen. Gelatine ausdrücken und darin auflösen. Masse kaltrühren, bis sie leicht dicklich wird. Die Sahne steif schlagen und mit einem Schneebesen unter die Creme heben.

8. Die Creme in einen Spritzbeutel (Lochtülle 10) füllen und leicht kuppelförmig in die Mitte der Törtchen spritzen.

9. Erdbeeren putzen, waschen, abtropfen lassen, je nach Größe halbieren oder vierteln und auf die Törtchen verteilen.

10. Johannisbeergelee glattrühren und einmal aufkochen lassen, im kalten Wasserbad kaltrühren, bis es dickflüssig ist. Mit einem Pinsel dünn auf die Erdbeeren streichen.

Zubereiten: 60 Minuten
Pro Stück
8 g E, 23 g F, 49 g KH = 443 kcal (1851 kJ)

Haselnuß-Quarkkuchen **

Für 8–12 Stücke
2 Orangen (unbehandelt)
100 g Bitter-Kuvertüre
3 El Granatapfelsirup
100 g Zucker
150 g Butter
100 g Puderzucker (gesiebt)
6 Eier (getrennt)
150 g Speisequark (40 %)
150 g Haselnüsse (grob gemahlen)
Butter für die Form

1. Die Orangen sehr dünn schälen, in feine Streifen schneiden. Die Bitter-Kuvertüre grob raspeln.

2. Orangenstreifen, Granatapfelsirup und 25 g Zucker in einem Topf aufkochen, stark einkochen lassen und beiseite stellen.

3. Butter und 75 g Puderzucker mit dem Handrührer sehr schaumig schlagen. Das Eigelb unterrühren. Quark und Haselnüsse unterheben. Die kandierten Orangenstreifen und die Bitter-Kuvertüre untermischen.

4. Eiweiß mit dem restlichen Zucker zu Schnee schlagen und unter den Teig heben.

5. Eine Springform (28 cm Ø) ausbuttern und den Boden mit Backpapier auslegen. Den Teig einfüllen. Den Kuchen im vorgeheizten Backofen auf der 2. Leiste von unten bei 200 Grad 50 Minuten backen, 10 Minuten im ausgeschalteten Backofen ruhenlassen (Gas 3, Umluft 25–30 Min./180 Grad).

6. Den Kuchen in der Form auskühlen lassen, aus der Form lösen, mit dem restlichen Puderzucker bestreuen und mit einer Schokoladensauce servieren (Rezept folgt).

Zubereiten: 1 3/4 Stunden
Pro Stück (12 Stücke)
8 g E, 26 g F, 24 g KH = 368 kcal (1544 kJ)

Schokoladensauce **

Für 8-12 Portionen
50 g Bitter-Kuvertüre grob hacken, im Wasserbad schmelzen. 200 ml Sahne mit 1 El Zucker, 1 El Kakaopulver aufkochen. Flüssige Kuvertüre unter ständigem Rühren einlaufen lassen. Die Konsistenz muß dickflüssig sein.

Schneeberg **

Für 6–8 Portionen:
1/2 l badischer Gewürztraminer
220 g Zucker
Saft von 1 Zitrone
12 Eier (getrennt)
2 El Speisestärke (oder Puddingpulver)
350 g blaue und grüne Weintrauben
20 g Mandelblättchen

1. Den Gewürztraminer mit 1/4 l Wasser, 120 g Zucker und Zitronensaft im Topf erwärmen, bis sich der Zucker aufgelöst hat, dann etwas abkühlen lassen.

2. Im Topf 12 Eigelb mit der Speisestärke (oder dem Puddingpulver) verrühren, bei milder Hitze nach und nach die Weinmischung unterrühren. Die Weincreme bis kurz vor dem Kochen aufschlagen, auf Eiswasser kaltschlagen, in eine Auflaufform füllen und im Kühlschrank zugedeckt mindestens 3 Stunden durchkühlen lassen.

3. Die Trauben waschen, halbieren, entkernen und auf die gekühlte Weincreme geben.

4. Aus 6 Eiweiß und dem restlichen Zucker einen sehr steifen Eischnee schlagen.

5. Den Eischnee auf die Trauben löffeln und mit den Mandelblättchen bestreuen.

6. Den Schneeberg im vorgeheizten Backofen auf der 2. Leiste v. u. bei 220 Grad 5 Minuten überbacken oder unter dem Grill goldbraun gratinieren (Gas 3, Umluft nicht empfehlenswert).

Zubereiten: 40 Minuten
Kühlen: 3 Stunden
Pro Portion (8 Port.)
9 g E, 8 g F, 54 g KH = 372 kcal (1556 kJ)

Süßer Höhepunkt

Johann Lafer: Das ist schon ein tolles Bild, wenn der Eischnee sich im Backofen zu einem luftigen weißen Berg mit kleinen goldenen Gipfeln aufbläst. Der Schneeberg ist ein altes badisches Rezept. Ich habe gehört, daß er in einer Familie am Kaiserstuhl seit langer Zeit von Frau zu Frau weitervererbt wird. Er darf dort auf keiner Sonntagstafel und bei keinem Familienfest fehlen und bildet, zum Beispiel nach einem Hauptgang mit gefüllten Wildenten vom Altrhein, einen weiteren, jetzt aber süßen Höhepunkt. Ich habe als Koch am Rezept nichts verändert, nur werden bei mir die Trauben entkernt, weil sich die schöne Weinspeise so besser essen läßt. Wenn Sie die Trauben auch noch schälen wollen: bitte sehr.

Zwetschgentaschen mit Rumschaum **

Für 4 Portionen (8 Taschen):
Teig
40 g Butter
1 Ei
abgeriebene Schale von je 1/2 Zitrone und Orange (unbehandelt)
Mark aus 1 Vanilleschote
125 g Magerquark
75 g Mehl
Mehl zum Bearbeiten
1 Eigelb zum Bestreichen
Salz zum Kochen
Füllung
500 g Zwetschgen
4 El Zucker
100 ml Rotwein
2 Zimtstangen
2 Gewürznelken
1 Vanillestange
Brösel
40 g Butter
25 g Zucker
abgeriebene Schale von je 1/2 Zitrone und Orange (unbehandelt)
125 g Semmelbrösel
Rumschaum
75 ml Milch
3 Eigelb
20 g Zucker
2 cl Rum
Mark aus 1 Vanilleschote

1. Für den Teig die Butter in einer Schüssel schaumig rühren. Das Ei zugeben. Zitronen- und Orangenschale und das Vanillemark unterrühren. Den Quark gut ausdrücken und durch ein Sieb in die Schüssel streichen. Das Mehl hineinsieben. Den Teig gut durchkneten, in Klarsichtfolie wickeln und mindestens eine Stunde kühl stellen.

2. Für die Füllung Zwetschgen waschen, kleinschneiden, dabei entsteinen, in einem Topf mit dem Zucker bestreuen und in 30 Minuten Saft ziehen lassen.

3. Die Zwetschgen mit dem Rotwein begießen. Zimt, Nelken und die aufgeschlitzte Vanillestange zugeben. Die Zwetschgen bei milder Hitze und unter gelegentlichem Rühren zu Mus einkochen, durch ein Sieb streichen und kalt werden lassen.

4. Für die Brösel die Butter in einer Pfanne schmelzen, den Zucker darin auflösen. Die Pfanne vom Herd nehmen. Zitronen- und Orangenschale unterrühren. Zum Schluß die Semmelbrösel untermischen. Rühren, bis die Brösel das Fett völlig aufgesogen haben und wieder trocken sind.

5. Die halbe Menge Zwetschgenmus mit 4 El Bröseln andicken. Das restliche Zwetschgenmus anderweitig verwenden.

6. Den Teig auf der bemehlten Arbeitsfläche 2 mm dünn ausrollen (45x25 cm). 8 Kreise (10 cm) ausstechen. Die Füllung auf eine Kreishälfte setzen. Den Teigrand mit verquirltem Eigelb bestreichen. Die leere Hälfte über die gefüllte klappen und mit einer Gabel andrücken.

7. Salzwasser im Topf aufkochen. Die Teigtaschen darin bei milder Hitze in 10 Minuten langsam garen, mit einer Schaumkelle herausheben, gut abtropfen lassen und in den restlichen Bröseln wälzen.

8. Während die Zwetschgentaschen garen, für den Rumschaum Milch, Eigelb und Zucker bei milder Hitze sehr cremig aufschlagen. Den Rum zugießen und kurz vor dem Servieren das Vanillemark einrühren.

Die Zwetschgentaschen mit dem Rumschaum servieren.

Zubereiten: 1 1/2 Stunden
Kühlen: 1 Stunde
Pro Portion
18 g E, 28 g F, 80 g KH = 673 kcal (2813 kJ)

Aufregende Bröselei

Johann Lafer: Dieses wunderbare Dessert hat einen badisch-schwäbisch-österreichischen Hintergrund. Badisch sind die Zwetschgen, schwäbisch die (Maul-) Taschen und aus meiner Heimat kommen die Butterbrösel, die ich, wegen des schönen Aromas, noch mit Orangen- und Zitronenschale gewürzt habe. Was die ganze Bröselei wirklich ziemlich aufregend macht.

Hefeklöße mit ** Mohnsauce

Für 4–6 Portionen:
Teig
20 g Zucker
15 g Hefe
100 ml lauwarme Milch
250 g Mehl
1 Ei
1 Eigelb
Salz
2 El Rum
60 g zimmerwarme Butter
Mehl zum Bearbeiten
Sauce
50 g Mohn
450 ml Milch
5 Eigelb
50 g Zucker
2 El Rum

1. Für den Teig Zucker und Hefe in der Milch auflösen. 50 g Mehl einrühren. Den Vorteig zudecken und an einem warmen Ort 15 Minuten gehen lassen.

2. Ei, Eigelb, 1 Prise Salz, Rum, Butter und den gegangenen Vorteig zum restlichen Mehl geben. Alles zu einem glatten Teig verkneten. Den Teig jetzt zugedeckt an einem warmen Ort auf doppelte Größe aufgehen lassen.

3. Den Teig mit bemehlten Händen auf der bemehlten Arbeitsfläche noch einmal tüchtig zusammenkneten. Dann mit bemehlten Händen 4–6 Kugeln daraus formen.

4. Die Klöße entweder im Siebeinsatz oder im Tuch (am Topfrand mit Küchengarn festgebunden) über heißem Wasserdampf in 15 Minuten zugedeckt garen.

5. Für die Sauce den Mohn in der Milch aufkochen und mindestens 2 Stunden ziehen lassen.

6. Das Eigelb mit Zucker verquirlen. Die Mohnmilch zugießen und im Wasserbad cremig aufschlagen. Die Creme mit Rum würzen und zu den gegarten Klößen servieren.

Zubereiten: 1 1/2 Stunden
Zeit zum Ziehen für die Sauce: 2 Stunden
Pro Portion (6 Port.)
15 g E, 25 g F, 47 g KH = 501 kcal (2093 kJ)

Quarkmousse mit weißer Schokolade und Kompott

Für 6 Portionen:
400 g Sahnequark
250 g weiße Schokolade
3 Eiweiß, Salz
4 El Orangenlikör
2 El Orangenbitter
500 g Rhabarber
250 g Erdbeeren
300 g rotes Johannisbeergelee
2 Orangen (unbehandelt)
100 g Zucker

1. Den Quark in einem Mulltuch ausdrücken. Die Schokolade grob zerkleinern und in einem warmen Wasserbad schmelzen lassen.

2. Eiweiß mit 1 Prise Salz steif schlagen. 1/3 vom Eischnee, Orangenlikör und -bitter mit einem Schneebesen unter den Quark rühren. Die Schokolade ebenfalls mit einem Schneebesen unterrühren. Dann den restlichen Eischnee unterziehen.

3. Die Masse in eine Schüssel füllen und mindestens 4–5 Stunden (besser über Nacht) zugedeckt kalt stellen.

4. Den Rhabarber putzen, waschen und schräg in 4 cm lange Stücke schneiden. Die Erdbeeren waschen, putzen und vierteln.

5. Das Johannisbeergelee in einem Topf bei milder Hitze flüssig werden lassen. Den Rhabarber hineingeben und zugedeckt weich dünsten (die Stücke sollen ganz bleiben). Die Erdbeeren zugeben. Das Kompott kalt werden lassen.

6. Die Orangenschale mit einem Sparschäler dünn abschälen, in feine Streifen schneiden und in einem Sieb kurz mit kochendem Wasser übergießen.

7. Den Zucker mit 50 ml Wasser kurz aufkochen. Die Orangenschale darin einmal aufkochen, im Zuckersud kalt werden lassen, anschließend zum Abtropfen in ein Sieb geben.

8. Die Mousse mit einem in heißes Wasser getauchten Eßlöffel portionsweise abstechen und mit Kompott und kandierten Orangenschalen anrichten.

Zubereiten: 1 Stunde
Kühlen: 4-5 Stunden
Pro Portion
14 g E, 21 g F, 65 g KH = 538 kcal (2233 kJ)

Glühwein-Gugelhupf **

Für 30 Stücke:
Glühwein
600 ml Rotwein
100 g Zucker
je 1 Orange und Zitrone (unbehandelt)
4 Zimtstangen
5 Gewürznelken
Teig
750 g Butter (zimmerwarm)
750 g Puderzucker (gesiebt)
12 Eier
Mark aus 1 Vanilleschote
1 Paket Vanillezucker
250 g Zartbitter-Schokolade (gehackt)
1/2 l Glühwein
3 Pakete Backpulver
3 El Speisestärke
750 g Mehl
Butter und Semmelbrösel für die Form
(1 große Gugelhupfform à 5 l Inhalt, oder 2 Formen à 2,2 l Inhalt):
Glasur
400 g Puderzucker
6-7 El Glühwein
40 g gehackte Haselnußkerne

1. Für den Glühwein Rotwein, Zucker, Saft und Schale von Orange und Zitrone, Zimt und Nelken erhitzen, vom Herd nehmen und mindestens 3 Stunden ziehen lassen. Anschließend durch ein Sieb in ein Litermaß umgießen.

2. Für den Teig mit dem Handrührer die Butter mit Puderzucker sehr schaumig rühren. Ein Ei nach dem anderen unterrühren. Vanillemark, Vanillezucker und Schokolade unterrühren und den Glühwein zugeben.

3. Backpulver, Speisestärke und Mehl mischen und unter den Teig rühren. Der Teig muß relativ flüssig sein.

4. Die Form mit Butter einpinseln und mit Semmelbröseln ausstreuen. Den Teig einfüllen.

5. Den Gugelhupf im vorgeheizten Backofen auf der untersten Leiste bei 175 Grad 60–70 Minuten backen (Gas 2, Umluft 60 Min./170 Grad).

6. Den Gugelhupf aus dem Ofen nehmen, etwas abkühlen lassen, vorsichtig auf ein Gitter stürzen.

7. Für die Glasur den Puderzucker mit dem Glühwein verrühren. Den Gugelhupf damit gleichmäßig überziehen und sofort mit den gehackten Haselnüssen bestreuen.

Zubereiten: 1 1/2 Stunden
Kühlen: 3 Stunden
Pro Stück
7 g E, 28 g F, 64 g KH = 547 kcal (2289 kJ)

Prächtiges Backwerk

Johann Lafer: Daß mein Glühwein-Gugelhupf so prächtig aussieht, liegt auch daran, daß ich ihn in einer schweren alten Gußeisenform gebacken habe, die fast 5 Liter Teig faßt. Sie können Ihren Gugelhupf natürlich auch in einer kleineren Form backen, müssen dann aber die Zutaten entsprechend reduzieren. Auf jeden Fall haben Sie mit diesem Kuchen ein schön gewürztes Backwerk für Weihnachten oder Silvester, wenn Sie bei der Qualität des Rotweins nicht sparen.

Rotweinpunsch **

Für 6–8 Portionen:
10 g Zucker
Saft und Schale von
5 Orangen (unbehandelt)
3 Vanilleschoten
4 Zimtstangen
5 Sternanisköpfe
2 l guter Rotwein
250 ml geschlagene Sahne
2 El Rohrzucker

1. Für den Punschansatz Zucker in einem Topf karamelisieren, mit dem Orangensaft ablöschen. Aufgeschlitzte Vanilleschoten, die Zimtstangen, Sternanis und Orangenschale darin 5 Minuten kochen, bis der Zucker sich aufgelöst hat.

2. Den Punschansatz vom Herd nehmen, mindestens 2 Stunden ziehen lassen und danach durch ein Sieb in eine Karaffe umgießen.

3. Den Rotwein bei milder Hitze erwärmen, aber auf keinen Fall kochen. Bei Tisch auf einem Rechaud warm halten.

4. Die Punschgläser beim Servieren zu einem Viertel mit dem Ansatz füllen. Den Ansatz mit heißem Rotwein begießen.

5. Auf jedes Glas noch 1 El geschlagene Sahne geben und mit braunem Zucker bestreuen.

Zubereiten: 30 Minuten
Zeit zum Ziehen für den Glühweinansatz: 2 Stunden
Pro Portion (8 Port.)
2 g E, 10 g F, 24 g KH = 348 kcal = 1458 kJ

Qualität muß sein

Johann Lafer: Wie beim Glühwein-Gugelhupf hängt die Qualität meines Punsches von der Qualität des Rotweins ab. Sie sollten hier überhaupt nicht sparen. Ihr Kopf wird's Ihnen am nächsten Tag danken. Ich hab mir übrigens gedacht, daß Sie zum Punsch durchaus auch den Glühwein-Gugelhupf von der Seite 152 servieren könnten. Weihnachten zum Beispiel. Oder Silvester.

REGISTER

G

H

J

K

L

M

N

O

P

Q

R

S

T

V

W

Z

FÜR IHRE NOTIZEN